Okusi Italije
Avtentična Kulinarična Uživanja

Marco Bianchi

VSEBINA

Zajec z belim vinom in zelišči 9

Zajec z olivami 12

Rabbit, slog Porchetta 14

Solata z rižem in kozicami 16

Solata s kozicami, pomarančo in inčuni 19

Solata iz sardel in rukole 21

Solata iz pokrovače na žaru 24

Beneška solata z rakci 26

Solata iz lignjev z rukolo in paradižnikom 28

Solata z jastogom 31

Toskanska solata s tuno in fižolom 34

Tunina solata s kuskusom 36

Tunina solata s fižolom in rukolo 38

Tunina solata v petek zvečer 41

Preliv z gorgonzolo in lešniki 43

Preliv z limonino kremo 44

pomarančno omako in med 45

Mesna juha 46

Kokošja juha 48

Antoniettina fižolova juha 50

Testenine in fižol 53

Fižolova kremna juha 55

Furlanska ječmenova in fižolova juha 57

Fižolova in gobova juha 59

Testenine in fižol Milano 62

Juha iz leče in koromača 66

Juha iz špinače, leče in riža 68

Juha iz leče in zelenjave 70

Juha iz leče v pireju s krutoni 72

Čičerikina juha Puglia 74

Čičerikina juha in testenine 76

Ligurska juha iz čičerike in jurčkov 78

Toskanski kruh in zelenjavna juha 81

Zimska bučna juha 85

juha na "kuhani vodi" 87

Bučna pesto juha 89

Porova juha, paradižnik in kruh 92

Juha iz bučk in paradižnika 94

Juha iz bučk in krompirja 96

Kremna juha iz koromača 98

Gobova in krompirjeva juha 100

Cvetačna krema 102

Sicilijanska paradižnikova in ječmenova juha 104

juha iz rdeče paprike 106

Fontina, kruh in zeljna juha 108

kremna gobova juha 110

Zelenjavna juha s pestom 113

Pavia jajčna juha 115

slano pitno testo 118

Torta s špinačo in rikoto 121

porov tart 123

Sendviči z mocarelo, baziliko in pečeno papriko 125

Sendviči s špinačo in robiolo 127

Sendvič Riviera 129

Trikotni sendviči s tuno in pečeno papriko 132

Trikotni sendviči s šunko in figami 134

Zrela jabolka Amaretto 136

Livijina jabolčna pita 139

Marelice v limoninem sirupu 142

Gozdni sadeži z limono in sladkorjem 144

Jagode z balzamičnim kisom 146

Maline z mascarponejem in balzamičnim kisom 148

Češnje v Barolu 150

vroč pečen kostanj 152

konzervirane fige 154

fige v čokoladi 156

Fige v vinskem sirupu 158

Dorine pečene fige 160

Med v metinem sirupu 162

Pomaranče v pomarančnem sirupu 163

Gratinirane pomaranče z Zabaglionom 165

Bele breskve pri Asti Spumante 167

Breskve v rdečem vinu 168

Breskve polnjene z Amaretti 169

Hruške v pomarančni omaki 171

Hruške z marsalo in kislo smetano 173

Hruške s toplim čokoladnim prelivom 175

Hruške začinjene z rumom 177

Pecorino začinjene hruške 179

Poširane hruške z gorgonzolo 182

Torta s hruškovim ali jabolčnim pudingom 184

Topel sadni kompot 187

Karamelizirano beneško sadje 189

Sadje z medom in žganjem 191

zimska sadna solata 193

poletno sadje na žaru 195

Topla rikota z medom 197

kava ricotta 198

mascarpone in breskve 200

Čokoladni mousse z malinami 202

Tiramisu 204

jagodni tiramisu 207

Italijanska malenkost 209

sabayon 211

Čokoladni Zabaglione 213

Zajec z belim vinom in zelišči

Coniglio belo vino

Za 4 porcije

To je osnovni recept za ligurskega zajca, ki ga lahko spremenite z dodajanjem črnih ali zelenih oliv ali drugih zelišč. Kuharji v tej regiji pripravljajo zajca na različne načine, vključno s pinjolami, gobami ali artičokami.

1 zajec (2 1/2 do 3 funte), razrezan na 8 kosov

Sol in sveže mlet črni poper

3 žlice oljčnega olja

1 majhna čebula, drobno sesekljana

1 1/2 skodelice drobno sesekljanega korenja

1 1/2 skodelice drobno sesekljane zelene

1 žlica sesekljanih svežih listov rožmarina

1 čajna žlička sveže sesekljanega timijana

1 lovorjev list

1 1/2 skodelice suhega belega vina

1 skodelica piščančje juhe

1. Kose zajca sperite in posušite s papirnatimi brisačami. Potresemo s soljo in poprom.

Dva. V veliki ponvi na srednjem ognju segrejte olje. Dodamo zajca in nežno pražimo z vseh strani približno 15 minut.

3. Čebulo, korenček, zeleno in zelišča razporedite okoli kosov zajca in kuhajte, dokler se čebula ne zmehča, približno 5 minut.

štiri. Prilijemo vino in pustimo, da zavre. Kuhajte, dokler večina tekočine ne izhlapi, približno 2 minuti. Prilijemo osnovo in zavremo. Zmanjšajte toploto na nizko. Ponev pokrijte in kuhajte, občasno obračajte zajca s kleščami, dokler se ne zmehča, ko ga prebodete z vilicami, približno 30 minut.

5. Zajca prestavimo na servirni krožnik. Pokrijte in hranite na toplem. Povečajte ogenj in kuhajte vsebino ponve, dokler se ne zmanjša in zgosti, približno 2 minuti. Lovorjev list zavrzite.

6. Vsebino enolončnice prelijemo po zajčku in takoj postrežemo.

Zajec z olivami

Coniglio alla Stimperata

Za 4 porcije

Rdeča paprika, zelene olive in kapre dodajo okus tej zajčji jedi v sicilijanskem slogu. Izraz alla stimperata se uporablja za različne sicilijanske recepte, čeprav njegov pomen ni jasen. Morda izvira iz stemperare, kar pomeni "raztopiti, razredčiti ali mešati" in se nanaša na dodajanje vode v lonec med kuhanjem zajca.

1 zajec (2 1/2 do 3 funte), razrezan na 8 kosov

1 1/4 skodelice olivnega olja

3 stroki mletega česna

1 skodelica izkoščičenih zelenih oliv, opranih in odcejenih

2 rdeči papriki, narezani na tanke trakove

1 žlica opranih kaper

ščepec origana

Sol in sveže mlet črni poper

2 žlici belega vinskega kisa

1 1/2 skodelice vode

1.Kose zajca sperite in posušite s papirnatimi brisačami.

Dva.V veliki ponvi na srednjem ognju segrejte olje. Dodamo zajca in kose dobro zapečemo z vseh strani približno 15 minut. Kose zajca preložimo na krožnik.

3.V ponev dodajte česen in kuhajte 1 minuto. Dodamo olive, papriko, kapre in origano. Med mešanjem kuhamo 2 minuti.

štiri. Zajca vrnemo v ponev. Začinimo s soljo in poprom po okusu. Dodamo kis in vodo ter zavremo. Zmanjšajte toploto na nizko. Pokrijte in kuhajte, občasno obrnite zajca, dokler se ne zmehča, ko ga prebodete z vilicami, približno 30 minut. Dodajte malo vode, če tekočina izhlapi. Prestavimo na servirni krožnik in postrežemo vroče.

Rabbit, slog Porchetta

Coniglio v Porchetti

Za 4 porcije

Kombinacija začimb, uporabljenih pri svinjski pečenki, je tako okusna, da so jo kuharji prilagodili drugemu mesu, ki je udobnejši za kuhanje. V regiji Marches se uporablja divji komarček, vendar se lahko nadomesti s posušenimi semeni komarčka.

1 zajec (2 1/2 do 3 funte), razrezan na 8 kosov

Sol in sveže mlet črni poper

2 žlici oljčnega olja

2 unči slanine

3 stroki česna, drobno sesekljani

2 žlici sveže sesekljanega rožmarina

1 žlica komarčkovih semen

2 ali 3 listi žajblja

1 lovorjev list

1 skodelica suhega belega vina

1 1/2 skodelice vode

1. Kose zajca sperite in posušite s papirnatimi brisačami. Potresemo s soljo in poprom.

Dva. V ponvi, ki je dovolj velika, da lahko držite kose zajca v eni plasti, segrejte olje na zmernem ognju. Kose razporedite po pladnju. Povsod razporedite slanino. Kuhajte, dokler zajec ni zlato rjav na eni strani, približno 8 minut.

3. Zajca obrnemo in z vseh strani potresemo česen, rožmarin, koromač, žajbelj in lovor. Ko se zajec popeče še na drugi strani, po približno 7 minutah prilijemo vino in premešamo, tako da strgamo po dnu ponve. Vino naj vre 1 minuto.

štiri. Kuhajte odkrito in meso občasno obrnite, dokler zajec ne postane mehak in ne odpade od kosti, približno 30 minut. (Dodajte malo vode, če je jed presuha.)

5. Lovorjev list zavrzite. Zajca prestavimo na servirni krožnik in vročega postrežemo s sokom iz ponve

Solata z rižem in kozicami

Riso solata z gamberi

Za 4 porcije

Fiumicino, nedaleč od Rima, je najbolj znan kot lokacija enega največjih italijanskih letališč, poimenovanega po umetniku Leonardu Da Vinciju. Toda Fiumicino je tudi pristanišče, kamor Romuni radi zaidejo poleti, da bi uživali v hladnem vetriču in jedli v eni od odličnih ribjih restavracij ob obali. V Bastianelli al Molo sedimo na terasi pod velikim belim dežnikom in gledamo na morje. Imeli smo obrok z več hodi, ki je vključeval to preprosto solato iz riža in kozic.

Kuhan dolgozrnati riž se ohlajen v hladilniku strdi, zato to solato pripravite malo preden jo nameravate postreči.

2 skodelici dolgozrnatega riža

1/3 skodelice ekstra deviškega oljčnega olja

3 žlice svežega limoninega soka

1 kg srednjih kozic, olupljenih in razrezanih

1 šopek rukole

2 srednje velika paradižnika, narezana na rezine

1. V velikem loncu zavrite 4 skodelice vode. Dodajte riž in 1 čajno žličko soli. Dobro premešamo. Zmanjšajte toploto na nizko, ponev pokrijte in kuhajte, dokler se riž ne zmehča, 16 do 18 minut. Riž stresite v veliko servirno skledo.

Dva. V majhni skledi zmešajte olje, limonin sok ter sol in poper po okusu. Polovico preliva dodajte rižu in pustite, da se ohladi.

3. Rukoli odrežite trda stebla in zavrzite vse porumenele ali obrobljene liste. Rukolo operemo v večkratni menjavi hladne vode. Zelo dobro se suši. Rukolo drobno sesekljajte.

štiri. V srednje velikem loncu zavrite 2 litra vode. Dodamo kozico in po okusu solimo. Zavremo in kuhamo, dokler kozica ni rožnata in se skuha, približno 2 minuti. Odcedimo in ohladimo pod tekočo vodo.

5. Kozico narežemo na majhne koščke. Rižu dodamo kozice in rukolo. Dodamo preostanek preliva in dobro premešamo.

Okusite in prilagodite začimbe. Okrasite s paradižnikom. Postrezite takoj.

Solata s kozicami, pomarančo in inčuni

Solata Gamberi, Arancia in Acciughe

Za 4 porcije

Ena mojih najljubših beneških restavracij je La Corte Sconta, "skrito dvorišče". Kljub imenu je ni težko najti, saj gre za zelo priljubljeno tratorijo, ki streže meni vseh morskih jedi. Ta solata, začinjena z dijonsko gorčico, je bila navdihnjena s tisto, ki smo jo jedli tam.

1 majhna rdeča čebula, narezana na tanke rezine

2 žlički dijonske gorčice

1 strok česna, rahlo sesekljan

4 čajne žličke svežega limoninega soka

1 1/4 skodelice ekstra deviškega oljčnega olja

1 čajna žlička sveže sesekljanega rožmarina

Sol in sveže mlet črni poper

24 večjih kozic, očiščenih in razrezanih

4 pomaranče, olupljene, brez bele sredice in narezane na rezine

1 pločevinka (2 unči) odcejenih filejev inčunov

1.Čebulo položite v srednje veliko skledo z zelo mrzlo vodo, da jo pokrijete. Pustite stati 10 minut. Čebuli odcedite in jo ponovno pokrijte z zelo mrzlo vodo ter pustite stati še 10 minut. (Tako bo okus čebule manj močan.) Čebulo posušite.

Dva.V veliki skledi zmešajte gorčico, česen, limonin sok, olje in rožmarin s soljo in sveže mletim črnim poprom po okusu.

3.Na srednjem ognju zavrite srednje velik lonec vode. Dodamo kozico in po okusu solimo. Kuhajte, dokler kozice niso zlate in kuhane, približno 2 minuti, odvisno od njihove velikosti. Odcedimo in ohladimo pod tekočo vodo.

štiri. Dodajte kozico v skledo s prelivom in dobro premešajte. Vodno krešo razporedimo po servirnih krožnikih. Na vrh položite rezino pomaranče. Pomaranče prelijemo s kozico in prelivom. Po vrhu razporedite rezine čebule. Postrezite takoj.

Solata iz sardel in rukole

Solata iz sardel

Za 2 porciji

Ta solata temelji na solati, ki sem jo poskusila v Rimu, ki je bila postrežena na debelejši rezini toasta in postrežena kot brusketa. Čeprav mi je bila kombinacija všeč, je bilo težko jesti. Kruh najraje postrežem kot prilogo. Sardine v pločevinkah, pakirane v olivnem olju, imajo slasten okus po dimu, ki tej preprosti solati doda veliko.

1 velik šopek rukole

2 žlici oljčnega olja

1 žlica svežega limoninega soka

Sol in sveže mlet črni poper

1/2 skodelice posušenih črnih oliv, izkoščičenih in narezanih na 2 ali 3 polovice

1 pločevinka (3 unče) sardel v olivnem olju

2 zeleni čebuli, narezani na tanke rezine

4 rezine popečenega italijanskega kruha

1. Rukoli odrežite trda stebla in zavrzite vse porumenele ali obrobljene liste. Rukolo operemo v večkratni menjavi hladne vode. Zelo dobro se suši. Rukolo drobno sesekljajte.

Dva. V veliki skledi zmešajte olje, limonin sok ter sol in poper po okusu. Dodajte rukolo, olive, sardele in mlado čebulo ter dobro premešajte. Okusite in prilagodite začimbe.

3. Takoj postrezite s toastom.

Solata iz pokrovače na žaru

Solata Capesante alla Griglia

Za 3 do 4 porcije.

Velike, debele pokrovače so okusne pečene na žaru in postrežene na posteljici iz nežne rdeče zelenjave. Jakobove pokrovače lahko pečemo na zunanjem žaru, jaz pa to solato pripravljam celo leto, zato jih največkrat pečem v žar ponvi. To solato je navdihnila solata, ki sem jo pogosto užival v I Trulli in Enoteca v New Yorku.

Olivno olje

1 kilogram velikih školjk, opranih

2 žlici svežega limoninega soka

Sol in sveže mlet črni poper

2 žlici sveže sesekljane bazilike

1 žlica sveže mlete mete

2 velika zrela paradižnika, narezana na majhne koščke

6 skodelic mladih listov solate, narezanih na majhne koščke

1. Na srednje močnem ognju segrejte ponev za žar, dokler kapljica vode ne zacvrči, ko pade na površje. Pekač namastimo z malo olja.

Dva. Školjke posušite in jih položite v ponev. Kuhajte, dokler pokrovače rahlo ne porjavijo, približno 2 minuti. Pokrovače obrnite in kuhajte še 1-2 minuti, dokler niso zlato rjave in rahlo prosojne v sredini.

3. V veliki skledi zmešajte limonin sok s 3 žlicami olja. Dodajte školjke in dobro premešajte. Pustite stati 5 minut in enkrat ali dvakrat premešajte.

štiri. Dodajte zelišča in paradižnik v pokrovače in nežno premešajte.

5. Solato razporedimo po servirnih krožnikih. Prelijemo z mešanico školjk in takoj postrežemo.

Beneška solata z rakci

Granseola solata

Za 6 obrokov

Benetke imajo veliko vinskih barov, imenovanih bacari, kjer se ljudje zbirajo, da se srečajo s prijatelji ob kozarcu vina in majhnih krožnikih hrane. Ta občutljiva velika solata z rakovicami, imenovana granseole, se pogosto postreže kot preliv za crostini. V bolj formalnih restavracijah ga boste elegantno postregli v skodelicah iz cikorije. Je dobra predjed za poletni obrok.

2 žlici sesekljanega svežega peteršilja

1 1/4 skodelice ekstra deviškega oljčnega olja

2 žlici svežega limoninega soka

Sol in sveže mlet črni poper po okusu.

1 kg svežega rakovega mesa, narezanega

listi radiča

1.V srednje veliki skledi zmešajte peteršilj, olje, limonin sok ter sol in poper po okusu. Dodamo rakovo meso in dobro premešamo. Okusite začimbe.

Dva. Liste radiča razporedimo po servirnih krožnikih. Solato razporedimo po listih. Postrezite takoj.

Solata iz lignjev z rukolo in paradižnikom

Solata iz lignjev

Za 6 obrokov

Prečni zarezi na površini kalamarov (lignjev) povzročijo, da se kosi med kuhanjem tesno zvijajo. To ne le zmehča lignje, ampak jih naredi tudi zelo privlačne.

Za najboljši okus počakajte dobro mariniranje. Lignje lahko pripravite do tri ure vnaprej.

1 1/2 kilograma čistih lignjev (kalamarov)

2 stroka mletega česna

2 žlici sesekljanega svežega peteršilja

5 žlic oljčnega olja

2 žlici svežega limoninega soka

Sol in sveže mlet črni poper

1 velik šopek rukole

1 žlica balzamičnega kisa

1 skodelica češnjevih ali grozdnih paradižnikov, prepolovljena

1. Kalamare prerežemo po dolžini in jih odpremo naravnost navzgor. Telesa zarežite z ostrim nožem in naredite diagonalne črte približno 1/4 palca narazen. Obrnite nož in naredite diagonalne črte v nasprotni smeri, tako da naredite križni vzorec. Vsakega lignja narežite na 2-palčne kvadrate. Osnovo vsakega niza lovk prerežite na pol. Kose splaknite in odcedite ter položite v skledo.

Dva. Dodamo česen, peteršilj, 2 žlici olivnega olja, limonin sok ter sol in poper po okusu ter dobro premešamo. Pokrijte in marinirajte do 3 ure pred kuhanjem.

3. Prenesite lignje in marinado v večjo ponev. Kuhajte na srednje močnem ognju in pogosto mešajte, dokler lignji ne postanejo neprozorni, približno 5 minut.

štiri. Rukoli odrežite trda stebla in zavrzite vse porumenele ali obrobljene liste. Rukolo operemo v večkratni menjavi hladne vode. Zelo dobro se suši. Rukolo drobno sesekljajte. Rukolo damo v skledo.

5. V majhni skledi zmešajte preostale 3 žlice olja in kisa ter sol in poper po okusu. Prelijemo čez rukolo in dobro premešamo. Na rukolo položimo lignje. Po vrhu razporedite paradižnik in takoj postrezite.

Solata z jastogom

Solata z jastogom

Za 4 do 6 obrokov

Sardinija je znana po svojih morskih sadežih, predvsem po jastogih, znanih kot abalone, in sladkih kozicah. To svežo solato sva z možem jedla v majhni tratoriji ob morju v Algheru in opazovala ribiče, kako popravljajo mreže za naslednji dan. Eden je stal bos na zatožni klopi. S prsti na nogi je prijela en konec mreže in jo držala ravno tako, da sta bili obe roki prosti za šivanje.

Ta solata je lahko popoln obrok ali prva jed. Steklenica hladne sardinske vernaccie bi bila popolna priloga.

Nekatere ribarnice bodo namesto vas kuhale jastoge na pari in vam prihranile korak.

4 jastogi (približno 1 1/4 funtov vsak)

1 srednje velika rdeča čebula, prepolovljena in na tanko narezana

6 listov bazilike

4 majhna rebra zelene, na tanke rezine

Približno 1/2 skodelice ekstra deviškega oljčnega olja

2 do 3 žlice svežega limoninega soka

Sol in sveže mlet črni poper

Solatni listi

8 tankih rezin hrustljavega italijanskega kruha

1 strok česna

3 veliki zreli paradižniki, narezani

1. Na dno lonca postavite stojalo ali soparnik, ki je dovolj velik, da sprejme vse štiri jastoge. (8- ali 10-litrski lonec bi moral delovati.) Dodajte vodo, dokler ni tik pod žarom. Voda vre. Dodajte jastoge in pokrijte lonec. Ko voda ponovno zavre in iz lonca začne para, jastoge kuhamo 10 minut ali več, odvisno od velikosti. Jastoge preložimo na pladenj in pustimo, da se ohladijo.

Dva. Čebulo položite v majhno skledo in jo prelijte z ledeno vodo. Pustite stati 15 minut. Zamenjajte vodo in pustite stati še 15 minut. Odcedite in posušite.

3. Medtem odstranite meso jastoga iz oklepa. Jastogom odlomite repe. S škarjami za perutnino odstranite tanko kožo, ki prekriva meso repa. S topo stranjo noža udarite po krempljih, da jih zlomite. Odpri kremplje. S prsti odstranite meso. Meso narežemo na tanke rezine in damo v večjo skledo.

štiri. Liste bazilike zložite na kup in jih prečno narežite na tanke trakove. V skledo z jastogom dodajte baziliko, zeleno in čebulo. Pokapajte s 1/4 skodelice olja in limoninega soka ter potresite s soljo in poprom po okusu. Dobro premešamo. Mešanico jastoga razporedite na štiri krožnike, obložene z listi zelene solate.

5. Kruh popečemo in natremo s sesekljanim strokom česna. Toast pokapljamo s preostalim oljem in potresemo s soljo. Jed okrasimo s popečenimi kruhki in rezinami paradižnika. Postrezite takoj.

Toskanska solata s tuno in fižolom

Tonno alla Toscana solata

Za 6 obrokov

Toskanski kuharji so znani po svoji sposobnosti kuhanja fižola do popolnosti. Lep, kremast in polnega okusa fižol navadno jed povzdigne v nekaj posebnega, kot je ta klasična solata. Če ga najdete, kupite ventresca di tonno, tunov trebuh, konzerviran v dobrem olivnem olju. Trebuh velja za najboljši del tune. Je dražji, a polnega okusa z mesnato teksturo.

3 žlice ekstra deviškega oljčnega olja

1 do 2 žlici svežega limoninega soka

Sol in sveže mlet črni poper

3 skodelice kuhanega ali konzerviranega kanelini fižola, odcejenega

2 majhni rebri zelene, na tanke rezine

1 majhna rdeča čebula, zelo tanko narezana

2 pločevinki (7 unč) italijanske tune, pakirane v olivnem olju

2 ali 3 belgijske endivije, obrezane in razrezane na sulice

1. V srednje veliki skledi zmešajte olje, limonin sok, sol po okusu in izdatno mlet poper.

Dva. Dodajte fižol, zeleno, čebulo in tuno. Dobro premešamo.

3. Stebla endivije razporedimo po skledi. Prelijemo po solati. Postrezite takoj.

Tunina solata s kuskusom

Tonno in kuskus solata

Za 4 porcije

Kuskus jedo v več italijanskih regijah, vključno z deli Sicilije in Toskane. Sicilijansko mesto San Vito lo Capo vsako leto gosti festival kuskusa, ki privabi več sto tisoč obiskovalcev z vsega sveta. Tradicionalno se kuskus kuha z različnimi morskimi sadeži, mesom ali zelenjavo in postreže topel. Ta hitra solata s tuninim kuskusom je sodobna in zadovoljiva jed.

1 skodelica hitro kuhanega kuskusa

Sol

2 žlici sveže sesekljane bazilike

3 žlice oljčnega olja

2 žlici limoninega soka

sveže mlet črni poper

1 pločevinka (7 unč) italijanske tune, pakirane v olivnem olju

2 mladi rebri zelene, sesekljani

1 sesekljan paradižnik

1 manjšo kumaro, olupljeno, razkoščičeno in nasekljano

1.Kuskus skuhamo s soljo po okusu, po navodilih na embalaži.

Dva.V manjši skledi zmešajte baziliko, olje, limonin sok ter sol in poper po okusu. Dodamo topel kuskus. Dobro premešamo. Okusite in prilagodite začimbe. Tuno odcedimo in damo v skledo z zeleno, paradižniki in kumarami.

3.Dobro premešamo. Okusite in prilagodite začimbe. Postrezite pri sobni temperaturi ali na kratko ohladite v hladilniku.

Tunina solata s fižolom in rukolo

Insalata di Tonno, Fagioli in rukola

Za 2 do 4 porcije

Mislim, da bi lahko napisala celo knjigo o svojih najljubših solatah s tuno. Tole pogosto pripravim za hitro kosilo ali večerjo.

1 velik šopek rukole ali vodne kreše

2 skodelici kuhanih ali konzerviranih kanelin fižola ali borovnic, odcejenih

1 pločevinka (7 unč) italijanske tune, pakirane v olivnem olju

1 1/4 skodelice sesekljane rdeče čebule

2 žlici kaper, opranih in odcejenih

1 žlica svežega limoninega soka

Sol in sveže mlet črni poper

Rezine limone za okras

1.Odrežite trda stebla rukole ali vodne kreše in zavrzite vse porumenele ali obrobljene liste. Rukolo operemo v večkratni menjavi hladne vode. Zelo dobro se suši. Zelenjavo narežemo na majhne koščke.

Dva.V večji skledi za solato zmešajte fižol, tunino in njeno olje, rdečo čebulo, kapre in limonin sok. Dobro premešamo.

3.Dodajte zelenjavo in postrezite okrašeno z rezinami limone.

Tunina solata v petek zvečer

Petkova večerna solata

Za 4 porcije

Nekoč so bili petki v katoliških domovih brezmesni dnevi. Večerja pri nas je bila običajno sestavljena iz testenin in fižola ter te enostavne solate.

1 pločevinka (7 unč) italijanske tune, pakirane v olivnem olju

2 rebri zelene z listi, narezani in narezani

2 srednja paradižnika, narezana na majhne koščke

2 trdo kuhani jajci, očiščeni in narezani na četrtine

3 ali 4 rezine rdeče čebule, narezane na tanke rezine in na četrtine

ščepec posušenega origana

2 žlici ekstra deviškega oljčnega olja

1 1/2 srednje velike glavice rimske solate, oprane in posušene

Limonine rezine

1. V večjo skledo damo tuno z oljem. Tuno z vilicami razdrobimo na koščke.

Dva. Tuni dodajte zeleno, paradižnik, jajca in čebulo. Pokapajte z origanom in olivnim oljem ter nežno premešajte.

3. Solatne liste položite v skledo. Povrhu s tunino solato. Okrasite z rezinami limone in takoj postrezite.

Preliv z gorgonzolo in lešniki

Gorgonzola in nocciole omaka

Naredi približno 2/3 skodelice

Ta preliv sem imel v Piemontu, kjer so ga postregli na listih endivije, vendar je dober s katero koli žvečljivo zelenjavo, kot je frisée, escarole ali špinača.

4 žlice ekstra deviškega oljčnega olja

1 žlica rdečega vinskega kisa

Sol in sveže mlet črni poper

2 žlici nastrgane gorgonzole

1/4 skodelice sesekljanih praženih arašidov (glej<u>Kako pražiti in olupiti orehe</u>)

    V manjši skledi zmešajte olje, kis, sol in poper po okusu. Dodamo gorgonzolo in lešnike. Postrezite takoj.

Preliv z limonino kremo

Panna limonina omaka

Naredi približno 1/3 skodelice

Malo smetane zmehča limonin preliv. To mi je všeč na listih mlade solate.

3 žlice ekstra deviškega oljčnega olja

1 žlica svežega limoninega soka

1 žlica težke smetane

Sol in sveže mlet črni poper

   Vse sestavine zmešajte v manjši skledi. Postrezite takoj.

pomarančno omako in med

Citronette al'Arancia

Naredi približno 1/3 skodelice

Sladkost tega preliva se odlično ujema z mešano zelenjavo, kot je meclun. Ali pa poskusite s kombinacijo vodne kreše, rdeče čebule in črnih oliv.

3 žlice ekstra deviškega oljčnega olja

1 čajna žlička medu

2 žlici svežega pomarančnega soka

Sol in sveže mlet črni poper

Vse sestavine zmešajte v manjši skledi. Postrezite takoj.

Mesna juha

Brodo meso

Naredi približno 4 litre

Tukaj je osnovna zaloga različnih vrst mesa za juhe, rižote in enolončnice. Dobra juha mora biti polnega okusa, a ne tako agresivna, da bi prevzela okus jedi. Lahko uporabite govedino, teletino in perutnino, vendar se izogibajte svinjini ali jagnjetini. Njegov okus je močan in lahko preglasi juho. Razmerje mesa za to juho spremenite po svojih željah ali glede na sestavine, ki jih imate pri roki.

2 kilograma govejih kosti

2 kg govejega plečeta brez kosti

2 kilograma kosov piščanca ali purana

2 korenčka narežemo in razrežemo na 3 ali 4 dele

2 rebri zelene z listi, razrezani na 3 ali 4 dele

2 srednji čebuli, olupljeni, vendar pustite celi

1 velik paradižnik ali 1 skodelica narezanih paradižnikov v pločevinkah

1 strok česna

3 ali 4 vejice svežega ploščatega peteršilja s stebli

1. V velikem loncu zmešajte meso, kosti in dele piščanca. Dodajte 6 litrov hladne vode in na zmernem ognju rahlo zavrite.

Dva. Ogenj nastavite tako, da voda komajda vre. Posnemite peno in maščobo, ki se dvigne na vrh juhe.

3. Ko se pena neha dvigovati dodamo preostale sestavine. Kuhajte 3 ure, pri tem pa temperaturo prilagodite tako, da tekočina zlahka brbota.

štiri. Pustite, da se juha na kratko ohladi, nato precedite v plastične posode. Juho lahko uporabimo takoj ali pustimo, da se popolnoma ohladi, nato jo pokrijemo in shranimo v hladilniku do 3 dni ali v zamrzovalniku do 3 mesece.

Kokošja juha

piščančji brodo

Naredi približno 4 litre

Starejši piščanci, znani kot perutnina, dajo juhi polnejši in bogatejši okus kot mlajši piščanci. Če ptice ne najdete, poskusite juhi dodati puranje peruti ali vrat, vendar ne uporabite preveč purana, sicer bo okus prevladal nad piščancem.

Po kuhanju se bo večina okusa mesa skuhala, varčni italijanski kuharji pa ga uporabijo za pripravo solate ali ga natrgajo za testenine ali zelenjavni nadev.

1 cela ptica ali 4 kg piščanca

2 kilograma kosov piščanca ali purana

2 rebri zelene z listi, narezani na rezine

2 korenja, narezana na rezine

2 srednji čebuli, olupljeni in pustili celi

1 velik paradižnik ali 1 skodelica narezanih paradižnikov v pločevinkah

1 strok česna

3 ali 4 vejice svežega peteršilja

1. V velik lonec položite dele perutnine in piščanca ali purana. Prilijemo 5 litrov hladne vode in pustimo, da na srednjem ognju počasi vre.

Dva. Ogenj nastavite tako, da voda komajda vre. Posnemite peno in maščobo, ki se dvigne na vrh juhe.

3. Ko se pena neha dvigovati dodamo preostale sestavine. Kuhajte 2 uri, pri tem pa temperaturo prilagodite tako, da tekočina zlahka brbota.

štiri. Pustite, da se juha na kratko ohladi, nato precedite v plastične posode. Juho lahko uporabimo takoj ali pustimo, da se popolnoma ohladi, nato jo pokrijemo in shranimo v hladilniku do 3 dni ali v zamrzovalniku do 3 mesece.

Antoniettina fižolova juha

Zuppa di Fagioli

Za 8 porcij

Ko sem obiskal vinsko klet družine Pasetti v Abrucih, je njihova kuharica Antonietta za kosilo pripravila to fižolovo juho. Temelji na klasiki<u>Ragu na abruški način</u>, lahko pa uporabite tudi drugo paradižnikovo omako z mesom ali brez.

Fižol zgladimo s sekljalnikom in odstranimo lupine. Juho lahko pretlačimo tudi v kuhinjskem robotu ali blenderju. Antonietta je juho postregla s sveže naribanim parmigiano-reggianom, čeprav nam je povedala, da je v tej regiji tradicionalno juho začiniti s svežimi zelenimi semeni čilija. Poleg naribanega sira je vsakemu gostu podal krožnik čilija in nož, da ga je nasekljal in dodal svojega.

2 skodelici<u>Ragu na abruški način</u>, ali drugo mesno ali paradižnikovo omako

3 skodelice vode

4 skodelice kuhanega fižola kanelini ali suhih ali konzerviranih brusnic, odcejenih

Sol in sveže mlet črni poper po okusu.

4 unče špagete, narezane ali natrgane na 2-palčne kose

Sveže nariban Parmigiano-Reggiano

1 ali 2 sveža zelena čilija, kot je jalapenos (neobvezno)

1. Po potrebi pripravite ragù. Nato v velikem loncu zmešajte ragù in vodo. Fižol pretlačimo skozi mlin v loncu. Na majhnem ognju med občasnim mešanjem kuhamo toliko časa, da se juha segreje. Sol in poper po okusu.

Dva. Dodamo testenine in dobro premešamo. Med pogostim mešanjem kuhajte, dokler testenine niso gladke. Če je juha pregosta, dodajte malo vode.

3. Postrezite toplo ali toplo. Ločeno pretlačite sir in svež čili, če ga uporabljate.

Testenine in fižol

Testenine in fižol

Za 8 porcij

Ta neapeljska različica juhe iz fižola in testenin (pogovorno znana kot "pasta fazool") je običajno postrežena zelo gosta, vendar jo je vseeno treba jesti z žlico.

1 1/4 skodelice olivnega olja

2 rebri zelene, sesekljane (približno 1 skodelica)

2 stroka česna, drobno sesekljana

1 skodelica svežih paradižnikov, olupljenih, brez semen in narezanih, ali paradižnikov v pločevinkah

ščepec mlete rdeče paprike

Sol

3 skodelice fižola cannellini ali kuhanega, posušenega ali konzerviranega fižola, odcejenega

8 unč ditalini ali zlomljenih špagetov

1. V velik lonec vlijemo olje. Dodamo zeleno in česen. Med pogostim mešanjem kuhajte na zmernem ognju, dokler zelenjava ni mehka in zlata, približno 10 minut. Dodamo paradižnik, mleto rdečo papriko in sol po okusu. Kuhajte na majhnem ognju, dokler se malo ne zgosti, približno 10 minut.

Dva. Paradižnikovi omaki dodajte fižol. Mešanico zavremo. Zdrobite nekaj fižola s hrbtno stranjo velike žlice.

3. Zavrite velik lonec vode. Solimo po okusu, nato pa testenine. Dobro premešamo. Med pogostim mešanjem kuhajte na močnem ognju, dokler testenine niso mehke, a rahlo kuhane. Testenine odcedimo, pustimo nekaj vode od kuhanja.

štiri. Dodajte testenine mešanici fižola. Po potrebi dodamo malo vode za kuhanje, vendar mora biti zmes zelo gosta. Ugasnite ogenj in pustite počivati približno 10 minut, preden postrežete.

Fižolova kremna juha

Creme di Fagioli

Za 4 do 6 obrokov

Različico tega recepta sem našel v A Tavola ("Za mizo"), italijanski kuharski reviji. Kremna in gladka juha je prava hrana za udobje.

3 skodelice fižola cannellini ali kuhanega, posušenega ali konzerviranega fižola, odcejenega

Približno 2 skodelici domačega Mesna juha ali mešanica polovice goveje juhe iz trgovine in polovice vode

1 1/2 skodelice mleka

2 rumenjaka

1/2 skodelice sveže naribanega parmigiano-reggiana in še več za serviranje

Sol in sveže mlet črni poper

1. Pasirajte fižol v kuhinjskem robotu, mešalniku ali mlinčku.

Dva. V srednje veliki kozici juho na zmernem ognju počasi vre. Dodamo pretlačen fižol in vrnemo na majhen ogenj.

3. V manjši skledi stepemo mleko in rumenjake. Približno skodelico juhe vlijemo v skledo in mešamo do gladkega. Zmes vlijemo v lonec. Med mešanjem kuhajte, dokler se ne segreje, vendar ne vre.

štiri. Dodamo parmigiano-reggiano ter sol in poper po okusu. Postrezite vroče z dodatnim posipom sira.

Furlanska ječmenova in fižolova juha

Zuppa di Orzo e Fagioli

Za 6 obrokov

Čeprav je v ZDA najbolj znan kot majhna oblika testenin, orzo v italijanščini pomeni ječmen, eno najzgodnejših gojenih žit. Regija, ki je danes Furlanija v Italiji, je bila nekoč del Avstrije. Prisotnost ječmena razkriva avstrijske korenine te juhe.

Če uporabljate kuhan ali konzerviran fižol, nadomestite 3 skodelice ali dve 16-unčni pločevinki odcejenega fižola, zmanjšajte količino vode na 4 skodelice in kuhajte juho samo 30 minut v koraku 2, nato nadaljujte po navodilih.

2 žlici oljčnega olja

2 unči drobno sesekljane slanine

2 sesekljani rebri zelene

2 korenčka, sesekljana

1 srednje sesekljana čebula

1 strok česna, drobno sesekljan

1 skodelica (približno 8 unč) posušenih kanelinov oz<u>Veliki severni fižol</u>

1 1/2 skodelice bisernega ječmena, opranega in odcejenega

Sol in sveže mlet črni poper

1. V velik lonec nalijemo olje. Dodajte slanino. Med pogostim mešanjem kuhajte na zmernem ognju, dokler panceta rahlo ne porjavi, približno 10 minut. Dodajte zeleno, korenček, čebulo in česen. Kuhajte, pogosto mešajte, dokler zelenjava ni zlato rjava, približno 10 minut.

Dva. Dodajte fižol in 8 skodelic vode. Zavremo. Pokrijte in dušite 1/2 do 2 uri ali dokler se fižol ne zmehča.

3. Zdrobite nekaj fižola s hrbtno stranjo velike žlice. Dodamo ječmen, sol in poper po okusu. Kuhajte 30 minut oziroma dokler se ječmen ne zmehča. Juho pogosto mešamo, da se ješprenj ne prime na dno lonca. Če je juha pregosta, dodamo vodo. Postrezite toplo ali toplo.

Fižolova in gobova juha

Minister Fagioli in Funghi

Za 8 porcij

Hladen jesenski dan v Toskani me je spodbudil k dobri skledi juhe in pripeljal do preprostega, a nepozabnega obroka. V restavraciji Il Prato v Pienzi je natakar sporočil, da je ta dan kuhinja pripravila posebno fižolovo juho. Juha je bila okusna, z zemeljskim, dimljenim okusom, za katerega sem kasneje izvedel, da izvira iz dodatka suhih jurčkov. Po juhi smo naročili odličen sir pecorino, po katerem slovi Pienza.

1 1/2 unče posušenih jurčkov

1 skodelica tople vode

2 srednje velika korenčka, sesekljana

1 sesekljana rebra zelene

1 srednje sesekljana čebula

1 skodelica svežih ali konzerviranih paradižnikov, olupljenih, brez semen in narezanih

¹1/4 skodelice sesekljanega svežega peteršilja

6 domačih skodelic <u>Mesna juha</u> oz <u>Kokošja juha</u> ali mešanica polovice kupljene juhe in polovice vode

3 skodelice kanelinov ali kuhanega, suhega ali konzerviranega fižola, odcejenega

¹1/2 skodelice srednjezrnatega riža, kot je Arborio

Sol in sveže mlet črni poper po okusu.

1. Gobe namočimo v vodi 30 minut. Odstranite gobe in prihranite tekočino. Gobe splaknemo pod mrzlo vodo, da odstranimo pesek, pri čemer bodimo pozorni predvsem na stebla, kjer se nabira umazanija. Gobe narežemo na večje kose. Tekočino iz gob precedite skozi papirnati kavni filter v skledo in odstavite.

Dva. V velikem loncu zmešajte gobe in njihovo tekočino, korenček, zeleno, čebulo, paradižnik, peteršilj in osnovo. Naj zavre. Kuhajte, dokler se zelenjava ne zmehča, približno 20 minut.

3.Dodamo fižol in riž ter solimo in popramo po okusu. Kuhajte, dokler se riž ne zmehča, 20 minut, občasno premešajte. Postrezite toplo ali toplo.

Testenine in fižol Milano

Testenine in Fagioli alla Milanese

Za 8 porcij

Za to juho se običajno uporabijo ostanki sveže testenine, imenovane maltagliati ("slabo sesekljani"), lahko pa uporabite sveže fettuccine, narezane na majhne koščke.

2 žlici nesoljenega masla

2 žlici oljčnega olja

6 svežih listov žajblja

1 žlica sveže mletega rožmarina

4 korenje, narezano

4 sesekljana rebra zelene

3 srednje veliki kuhani krompirji, narezani

2 sesekljani čebuli

4 paradižniki, olupljeni, brez semen in narezani, ali 2 skodelici narezanih paradižnikov v pločevinkah

1 kilogram (približno 2 skodelici) posušenih brusnic ali kanelini fižola (glejtePodeželski fižol) ali 4 pločevinke po 16 unč

Približno 8 domačih skodelicMesna juhaali mešanica polovice kupljene goveje ali zelenjavne juhe in polovice vode

Sol in sveže mlet črni poper

8 unč svežega maltagliata ali svežega fettuccina, narezanega na 1-palčne kose

ekstra deviško olivno olje

1. V veliki kozici na zmernem ognju stopite maslo z oljem. Dodamo žajbelj in rožmarin. Dodamo korenje, zeleno, krompir in čebulo. Kuhajte, pogosto mešajte, dokler se ne zmehča, približno 10 minut.

Dva. Dodajte paradižnik in stročji fižol. Dodamo juho ter sol in poper po okusu. Mešanico zavremo. Kuhajte, dokler se vse sestavine ne zmehčajo, približno 1 uro.

3.Polovico juhe odstranite iz lonca in precedite skozi mlinček za hrano ali pretlačite v blenderju. Pire vlijemo nazaj v lonec. Dobro premešamo in dodamo testenine. Juho zavremo, nato pa ogenj ugasnemo.

štiri. Pustite, da se juha nekoliko ohladi, preden jo postrežete. Postrežemo ga vročega, s pokapljanjem ekstra deviškega oljčnega olja in izdatno mletim poprom.

Juha iz leče in koromača

Zuppa di Lenticchie in Finocchio

Za 8 porcij

Leča je ena najstarejših stročnic. Lahko so rjave, zelene, rdeče ali črne, a v Italiji je najboljša tista drobna zelena leča iz Castelluccia v Umbriji. Za razliko od fižola leče pred kuhanjem ni treba namakati.

Pernate konce koromača prihranite za okras juhe.

1 kg rjave ali zelene leče, pobrane in oprane

2 srednji čebuli, sesekljani

2 korenčka, sesekljana

1 srednje velik kuhan krompir, olupljen in narezan

1 skodelica sesekljanega koromača

1 skodelica svežih ali konzerviranih paradižnikov, sesekljanih

1 1/4 skodelice olivnega olja

Sol in sveže mlet črni poper

1 skodelica tubetti, ditalini ali majhnih školjk

Skodelice svežega koromača, po želji

ekstra deviško olivno olje

1.V velikem loncu zmešajte lečo, čebulo, korenje, krompir in koromač. Dodajte hladno vodo, da pokrije 1 cm. Tekočino zavremo in kuhamo 30 minut.

Dva. Dodajte paradižnik in olivno olje. Sol in poper po okusu. Kuhajte, dokler leča ne postane mehka, še 20 minut. Dodajte malo vode, kolikor je potrebno, da prekrije lečo s tekočino.

3.Dodajte testenine in kuhajte, dokler se testenine ne zmehčajo, še 15 minut. Okusite in prilagodite začimbe. Okrasite z vejico sesekljanega koromača, če je na voljo. Postrežemo jih vroče ali tople, z malo ekstra deviškega oljčnega olja.

Juha iz špinače, leče in riža

Minestra di Lenticchie in špinača

Za 8 porcij

Če dodamo manj vode in izpustimo riž, postane ta juha priloga k ribjim filejem ali svinjini na žaru. Namesto špinače lahko uporabite endivijo, zelje, ohrovt, zelenjavo ali drugo listnato zelenjavo.

1 kg nabrane in oprane leče

6 skodelic vode

3 veliki stroki česna, sesekljani

1 1/4 skodelice ekstra deviškega oljčnega olja

8 unč špinače, stebla odstranimo in narežemo na majhne koščke

Sol in sveže mlet črni poper

1 skodelica kuhanega riža

1.V velikem loncu zmešajte lečo, vodo, česen in olje. Zavremo in pustimo vreti 40 minut. Dodajte malo vode, kolikor je potrebno, da pokrije lečo.

Dva. Dodamo špinačo ter sol in poper po okusu. Kuhamo, dokler se leča ne zmehča, še 10 minut.

3.Dodajte riž in kuhajte, dokler se ne segreje. Postrezite vroče s kančkom ekstra deviškega oljčnega olja.

Juha iz leče in zelenjave

Minestra di Lenticchie e Verdura

Za 6 obrokov

Poglejte lečo, preden jo skuhate, da odstranite morebitne koščice ali drobne ostanke. Za bolj gosto juho dodamo skodelico ali dve kuhanih ditalinov ali nalomljenih špagetov.

1 1/4 skodelice olivnega olja

1 srednje sesekljana čebula

1 sesekljana rebra zelene

1 srednje velik korenček, sesekljan

2 stroka česna, drobno sesekljana

1/2 skodelice konzerviranih italijanskih paradižnikov, narezanih

8 unč leče (približno 1 skodelica), nabrane in oprane

Sol in sveže mlet črni poper

1 funt endivije, špinače ali druge listnate zelenjave, obrezane in narezane na majhne koščke

1/2 skodelice sveže naribanega Pecorina Romano ali Parmigiano-Reggiano

1. V velik lonec nalijemo olje. Dodamo čebulo, zeleno, korenček in česen ter kuhamo na zmernem ognju 10 minut oziroma dokler zelenjava ni mehka in zlata. Dodamo paradižnik in kuhamo še 5 minut.

Dva. Dodajte lečo, sol in poper ter 4 skodelice vode. Juho zavremo in kuhamo 45 minut oziroma dokler se leča ne zmehča.

3. Dodajte zelenjavo. Pokrijte in kuhajte 10 minut oziroma dokler se zelenjava ne zmehča. Okusite začimbe.

štiri. Tik pred serviranjem dodamo sir. Postrežemo ga vroče.

Juha iz leče v pireju s krutoni

Puree di Lenticchie

Za 6 do 8 obrokov

Rezine hrustljavega kruha pokrivajo ta fini pire iz umbrske leče. Za dodaten okus na krutone natrite strok surovega česna, ko so še vroči.

1 kg nabrane in oprane leče

1 sesekljana rebra zelene

1 sesekljan korenček

1 velika sesekljana čebula

1 velik kuhan krompir, narezan

2 žlici paradižnikove paste

Sol in sveže mlet črni poper

2 žlici ekstra deviškega oljčnega olja in več za serviranje

8 rezin italijanskega ali francoskega kruha

1. V velik lonec dajte lečo, zelenjavo in paradižnikovo pasto. Dodajte hladno vodo, da pokrije 2 cm. Zavremo. Kuhajte 20 minut. Solimo po okusu in po potrebi dodamo še vodo, da ostanejo sestavine pokrite. Kuhamo še 20 minut oziroma dokler se leča ne zmehča.

Dva. Vsebino lonca odcedite, tekočino pa prihranite. Lečo in zelenjavo dajte v kuhinjski robot ali mešalnik in pire, po potrebi v serijah, dokler ni gladka. Lečo stresemo nazaj v lonec. Po okusu začinimo s soljo in poprom. Rahlo segrejemo, po potrebi dodamo malo tekočine od kuhanja.

3. V veliki ponvi na srednjem ognju segrejte 2 žlici olivnega olja. Dodajte kruh v eni plasti. Kuhajte, dokler ni ocvrto in zlato na dnu, 3 do 4 minute. Kose kruha obrnemo in pečemo še 3 minute.

štiri. Juho odstavimo z ognja. Nalijte v sklede. Na vsako skledo položite rezino toasta. Postrezite vroče, poškropljene z olivnim oljem.

Čičerikina juha Puglia

Ceci juha

Za 6 obrokov

V Pugliji pripravljajo to gosto juho iz kratkih trakov svežih testenin, znanih kot lagane. Nadomestite lahko sveže fettuccine, narezane na 3-palčne trakove, kot tudi majhne oblike suhih testenin ali natrgane špagete. Za začinjanje juhe namesto juhe uporabimo inčune, kot tekočino pri kuhanju pa vodo. Inčuni se stopijo v juho in dodajo veliko značaja, ne da bi bili opazni.

1/3 skodelice olivnega olja

3 stroki česna, drobno sesekljani

2 2-palčni vejici svežega rožmarina

4 fileje sesekljanih inčunov

3 1/2 skodelice kuhane čičerike ali 2 16-unčni pločevinki, odcejeni in tekočina prihranjena

4 unče svežih fettuccine, narezanih na 3-palčne kose

sveže mlet črni poper

1. V velik lonec nalijemo olje. Dodamo česen in rožmarin ter kuhamo na zmernem ognju, s hrbtno stranjo velike žlice pritiskamo na stroke česna, dokler česen ne postane zlato rjav, približno 2 minuti. Odstranite in zavrzite česen in rožmarin. Dodajte fileje sardonov in med mešanjem kuhajte, dokler se sardoni ne stopijo, približno 3 minute.

Dva. V lonec dodamo čičeriko in dobro premešamo. Polovico čičerike pretlačite s hrbtno stranjo žlice ali pretlačilko za krompir. Prilijemo toliko vode ali tekočine za kuhanje čičerike, da je čičerika prekrita. Tekočino zavremo.

3. Dodajte testenine. Po okusu začinite z izdatno mletim črnim poprom. Kuhajte, dokler testenine niso mehke, a čvrste na ugriz. Odstavimo z ognja in pustimo stati 5 minut. Postrezite vroče s kančkom ekstra deviškega oljčnega olja.

Čičerikina juha in testenine

Ceci juha

Za 6 do 8 obrokov

V regiji Marche v osrednji Italiji to juho včasih pripravijo s quadrucci, majhnimi kosi svežih jajčnih testenin. Če želite narediti quadrucci, narežite sveže fettuccine na kratke koščke, tako da oblikujete majhne kvadratke. Vsaka oseba naj svojo juho pokaplja z malo ekstra deviškega oljčnega olja.

Od vse zelenjave mi je čičeriko najtežje skuhati. Včasih traja veliko dlje, kot sem pričakoval, da postanem mehka. Dobro je, da to juho pripravite vnaprej do 2. koraka, nato jo ponovno segrejete in dokončate, ko ste pripravljeni za postrežbo, da zagotovite, da ima čičerika dovolj časa, da se zmehča.

1 kilogram suhe čičerike, namočene čez noč (gl<u>Podeželski fižol</u>)

1 1/4 skodelice olivnega olja

1 srednje sesekljana čebula

2 sesekljani rebri zelene

2 skodelici narezanih paradižnikov v pločevinkah

Sol

8 unč školjk ali školjk ali majhnih školjk

sveže mlet črni poper

ekstra deviško olivno olje

1. V velik lonec nalijemo olje. Dodamo čebulo in zeleno ter med pogostim mešanjem kuhamo na zmernem ognju 10 minut ali dokler zelenjava ni mehka in zlata. Dodamo paradižnik in dušimo. Kuhajte še 10 minut.

Dva. Čičeriko odcedimo in dodamo v lonec. Dodajte 1 čajno žličko soli in hladno vodo, da pokrijete za 1 cm. Zavremo. Kuhajte 1/2 do 2 uri ali dokler se čičerika ne zmehča. Po potrebi dolijemo vodo, da bo čičerika pokrita.

3. Približno 20 minut preden je čičerika kuhana, zavremo velik lonec vode. Solimo, nato dodamo testenine. Kuhamo toliko časa, da se testenine zmehčajo. Odcedimo in dodamo juhi. Po okusu začinimo s soljo in poprom. Postrezite vroče s kančkom ekstra deviškega oljčnega olja.

Ligurska juha iz čičerike in jurčkov

Testenine in ceci z jurčki

Za 4 porcije

To je moja različica juhe, narejene v Liguriji. Nekateri kuharji jo naredijo brez sirka, drugi pa dodajo sirek med sestavine.

1 1/2 unče posušenih jurčkov

1 skodelica tople vode

1 1/4 skodelice olivnega olja

2 unči sesekljane slanine

1 srednja čebula, drobno sesekljana

1 srednje velik korenček, drobno narezan

1 srednje veliko steblo zelene, drobno sesekljano

1 strok česna, drobno sesekljan

3 skodelice kuhane, posušene ali odcejene konzervirane čičerike

8 unč blitve, prečno narezane na tanke trakove

1 srednje velik kuhan krompir, olupljen in narezan

1 skodelica svežih ali konzerviranih paradižnikov, olupljenih, brez koščic in narezanih

Sol in sveže mlet črni poper

1 skodelica ditalini, tubetti ali druge majhne testenine

1. Gobe namočimo v vodi 30 minut. Odstranite jih in prihranite tekočino. Gobe sperite pod hladno vodo, da odstranite pesek. Narežemo jih na velike kose. Precedite tekočino skozi papirnati kavni filter v skledo.

Dva. V velik lonec nalijemo olje. Dodamo panceto, čebulo, korenček, zeleno in česen. Med pogostim mešanjem kuhajte na srednjem ognju, dokler čebula in druge aromatične sestavine ne postanejo zlato rjave barve, približno 10 minut.

3. Dodamo čičeriko, blitvo, krompir, paradižnik in gobe s tekočino. Dodamo vodo, da prekrije sestavine, ter sol in poper po okusu. Zavremo in kuhamo, dokler se zelenjava ne zmehča in se juha zgosti, približno 1 uro. Če je juha pregosta, dodajte vodo.

štiri. Dodajte testenine in še 2 skodelici vode. Med pogostim mešanjem kuhajte približno 15 minut ali dokler se testenine ne zmehčajo. Pred serviranjem naj se malo ohladi.

Toskanski kruh in zelenjavna juha

ribolit

Za 8 porcij

Neko poletje v Toskani so mi to juho postregli povsod, kjer sem šel, včasih dvakrat na dan. Nikoli mi ni bilo dolgčas, saj je vsaka kuharica uporabila svojo kombinacijo sestavin in vedno je bilo dobro. Pravzaprav gre za dva recepta v enem. Prva je juha iz mešane zelenjave. Naslednji dan se ostanki pogrejejo in zmešajo s prejšnjim kruhom. S pogrevanjem juha dobi italijansko ime, kar pomeni kuhanje. To običajno naredimo zjutraj in juho pustimo stati do poldneva. Ribollito običajno postrežemo toplo ali pri sobni temperaturi, nikoli kuhano na pari.

Prepričajte se, da uporabljate kakovosten italijanski ali rustikalni kruh, da dobite pravo teksturo.

4 domače skodelice Kokošja juha oz Mesna juha ali mešanica polovice kupljene juhe in polovice vode

1 1/4 skodelice olivnega olja

2 mladi rebri zelene, sesekljani

2 srednje velika korenčka, sesekljana

2 stroka česna, drobno sesekljana

1 manjša glavica rdeče čebule, sesekljana

1 1/4 skodelice sesekljanega svežega peteršilja

1 žlica sveže sesekljanega žajblja

1 žlica sveže mletega rožmarina

1 1/2 funta olupljenih, semen in narezanih svežih paradižnikov ali 1 1/2 skodelice italijanskih kož v pločevinkah s sokom, narezanih

3 skodelice kuhanega, posušenega ali konzerviranega fižola kanelini, odcejenega

2 srednje velika kuhana krompirja, olupljena in narezana na kocke

2 srednji bučki, sesekljani

1 funt zelja ali ohrovta, narezan na tanke rezine (približno 4 skodelice)

8 unč zelenega fižola, obreženega in narezanega na majhne koščke

Sol in sveže mlet poper po okusu.

Približno 8 unč en dan star italijanski kruh, narezan na tanke rezine

ekstra deviško olivno olje

Zelo tanko narezana rdeča čebula (neobvezno)

1. Po potrebi pripravimo juho. Nato v velik lonec vlijemo olivno olje. Dodajte zeleno, korenček, česen, čebulo in zelišča. Med pogostim mešanjem kuhajte na srednjem ognju, dokler se zelena in druge aromatične sestavine ne zmehčajo in porjavijo, približno 20 minut. Dodamo paradižnik in kuhamo 10 minut.

Dva. Dodajte stročji fižol, preostalo zelenjavo ter sol in poper po okusu. Dodajte juho in vodo, da pokrije. Zavremo. Kuhajte na zelo majhnem ognju, dokler se zelenjava ne zmehča, približno 2 uri. Pustite, da se malo ohladi, nato pa, če ne uporabite takoj, hranite v hladilniku čez noč ali do 2 dni.

3. Ko ste pripravljeni za postrežbo, približno 4 skodelice juhe vlijte v mešalnik ali kuhinjski robot. Juho precedimo, nato pa jo prestavimo v lonec k preostanku juhe. Z lahkoto se segreje.

štiri. Izberite lonec ali lonec, ki je dovolj velik, da vanjo položite kruh in juho. Na dno položite plast kruhovih rezin. Prilijemo toliko juhe, da popolnoma prekrije kruh. Plasti ponavljajte, dokler ne porabite vse juhe in je kruh vlažen. Pustite stati vsaj 20 minut. Mora biti zelo gosta.

5. Juho premešamo, da se kruh razdrobi. Pokapljamo z ekstra deviškim oljčnim oljem in potresemo z rdečo čebulo. Postrezite toplo ali pri sobni temperaturi.

Zimska bučna juha

Zuppa di Zucca

Za 4 porcije

Na fruttivendolu, tržnici sadja in zelenjave, lahko italijanski kuharji kupijo koščke velikih buč in drugih zimskih bučk za pripravo te okusne juhe. Na splošno uporabljam masleno bučo ali želod. Mleta rdeča paprika Babura Peperoncino daje nepričakovano pikantnost.

4 domače skodelice<u>Kokošja juha</u>ali mešanica polovice kupljene juhe in polovice vode

2 funta zimske buče, kot je butternut ali želod

1 1/2 skodelice olivnega olja

2 stroka česna, drobno sesekljana

ščepec mlete rdeče paprike

Sol

1 1/4 skodelice sesekljanega svežega peteršilja

1. Po potrebi pripravimo juho. Nato bučo olupimo in ji odstranimo semena. Narežite na 1 cm velike kose.

Dva. V velik lonec nalijemo olje. Dodamo česen in mleto rdečo papriko. Med pogostim mešanjem kuhajte na zmernem ognju, dokler česen rahlo ne porjavi, približno 2 minuti. Dodamo bučo in sol po okusu.

3. Prilijemo juho in kuhamo na majhnem ognju. Pokrijte in kuhajte 35 minut oziroma dokler se bučke ne zmehčajo.

štiri. Z žlico z režami prenesite bučke v kuhinjski robot ali mešalnik in pretlačite do gladkega pireja. Pire vrnemo v lonec za juho. Juho zavremo in kuhamo 5 minut. Če je juha pregosta, dodajte malo vode.

5. Sol po okusu. Dodamo peteršilj. Postrežemo ga vroče.

juha na "kuhani vodi".

Aquacotta

Za 6 obrokov

Ta okusna toskanska juha zahteva le nekaj zelenjave, jajca in ostanke kruha, zato jo Italijani v šali imenujejo kar "kuhana voda". Uporabite vse razpoložljive gobe.

1 1/4 skodelice olivnega olja

2 rebri zelene, na tanke rezine

2 stroka mletega česna

1 kg različnih gob, shiitake in cremini gob, narezanih in narezanih

1 funt svežih slivovih paradižnikov, olupljenih, brez semen in narezanih ali 2 skodelici paradižnikov v pločevinkah

ščepec mlete rdeče paprike

6 jajc

6 rezin italijanskega ali francoskega toasta

4 do 6 žlic sveže naribanega sira pecorino

1. Vlijte olje v srednjo ponev. Dodamo zeleno in česen. Med pogostim mešanjem kuhajte na srednjem ognju, dokler se ne zmehča, približno 5 minut.

Dva. Dodamo gobe in med občasnim mešanjem kuhamo, dokler gobji sok ne izhlapi. Dodamo paradižnik in mleto rdečo papriko ter kuhamo 20 minut.

3. Dodajte 4 skodelice vode in sol po okusu. Zavremo. Kuhamo še 20 minut.

štiri. Tik preden postrežemo, v skodelico razbijemo jajce. V vročo juho previdno položite jajce. Ponovite s preostalimi jajci. Pokrijte in kuhajte na zelo majhnem ognju 3 minute ali dokler jajca niso kuhana po okusu.

5. V vsako servirno skledo položite rezino toasta. Na vrh previdno vlijemo jajce in zalijemo z vročo juho. Potresemo s sirom in takoj postrežemo.

Bučna pesto juha

Zuppa di Zucchini s pestom

Za 4 do 6 obrokov

Vonju po pestu v vroči juhi se ni mogoče upreti.

2 doma narejeni skodelici <u>Kokošja juha</u> ali mešanica polovice kupljene juhe in polovice vode

3 žlice oljčnega olja

2 srednji čebuli, sesekljani

4 majhne buče (približno 1 1/4 funta), oprane in narezane

3 srednje veliki kuhani krompirji, olupljeni in narezani

Sol in sveže mlet črni poper po okusu.

1 skodelica zlomljenih špagetov

pesto

2 do 3 veliki stroki česna

1 1/2 skodelice sveže bazilike

¹1/4 skodelice svežega italijanskega peteršilja

½ skodelice naribanega parmigiana-reggiana in še več za posipanje

2 do 3 žlice ekstra deviškega oljčnega olja

Sol in sveže mlet črni poper

1. Po potrebi pripravimo juho. Nato vlijte olje v srednje veliko skledo. Dodajte čebulo. Med pogostim mešanjem kuhajte na zmernem ognju, dokler čebula ni mehka in zlata, približno 10 minut. Dodamo bučo in krompir ter med občasnim mešanjem kuhamo 10 minut. Dodajte piščančjo osnovo in 4 skodelice vode. Tekočino zavremo in kuhamo 30 minut. Sol in poper po okusu.

Dva. Dodajte testenine. Na majhnem ognju kuhamo še 15 minut.

3. Pripravite pesto: Česen, baziliko in peteršilj drobno sesekljajte v kuhinjskem robotu. Dodajte sir in postopoma pokapajte olivno olje, dokler ne dobite goste paste. Po okusu začinimo s soljo in poprom.

štiri. Prenesite pesto v srednjo skledo; V pesto z metlico vmešajte približno 1 skodelico vroče juhe. Zmes stresemo v lonec s preostalo juho. Pustite stati 5 minut. Okusite in prilagodite začimbe. Postrezite z dodatnim sirom.

Porova juha, paradižnik in kruh

Papež Pomodoro

Za 4 porcije

Toskanci jedo veliko juhe in jo pogosto pripravijo s kruhom namesto testenin ali riža. To je priljubljeno v zgodnji jeseni, ko je veliko zrelih paradižnikov in svežega pora. Dobra je tudi pozimi, narejena iz konzerviranih paradižnikov.

6 domačih skodelic<u>Kokošja juha</u>ali mešanica polovice kupljene juhe in polovice vode

3 žlice oljčnega olja, plus več za premetavanje

2 srednje velika pora

3 veliki stroki česna

ščepec mlete rdeče paprike

2 skodelici svežega paradižnika, olupljenega, izkoščičenega in narezanega, ali paradižnik iz pločevinke

Sol

1/2 dni starega italijanskega polnozrnatega kruha, narezanega na 1-palčne kocke (približno 4 skodelice)

1 1/2 skodelice sveže sesekljane bazilike

ekstra deviško olivno olje

1. Po potrebi pripravimo juho. Nato narežemo koren in temnozelen del pora. Por po dolžini razpolovite in dobro sperite pod mrzlo vodo. dobro sesekljajte

Dva. V velik lonec nalijemo olje. Dodajte por in med pogostim mešanjem kuhajte na srednje nizkem ognju, dokler se ne zmehča, približno 5 minut. Dodamo česen in mleto rdečo papriko.

3. Dodajte paradižnik in osnovo ter zavrite. kuhamo 15 minut, občasno premešamo. Sol po okusu.

štiri. V juho dodamo kruh in med občasnim mešanjem kuhamo 20 minut. Juha mora biti gosta. Po potrebi dodamo še kruh.

5. Odstranite z ognja. Dodajte baziliko in pustite stati 10 minut. Postrezite vroče s kančkom ekstra deviškega oljčnega olja.

Juha iz bučk in paradižnika

Zuppa di Zucchine in Pomodori

Za 6 obrokov

Čeprav so majhne bučke boljšega okusa, se v tej juhi dobro obnesejo tudi večje zelenjave, saj se njihova voda in brezsramnost ne pokažeta pri vseh ostalih okusnih sestavinah.

5 domačih skodelic<u>Kokošja juha</u>ali mešanica polovice kupljene juhe in polovice vode

3 žlice oljčnega olja

1 srednja čebula, drobno sesekljana

1 strok mletega česna

1 čajna žlička sveže sesekljanega rožmarina

1 čajna žlička sveže sesekljanega žajblja

1/2 skodelice olupljenega, izkoščičenega in narezanega paradižnika

1 1/2 kg bučk, sesekljanih

Sol in sveže mlet črni poper

3 skodelice staromodnih italijanskih ali francoskih kruhovih kock

Sveže nariban Parmigiano-Reggiano

1. Po potrebi pripravimo juho. Nato v večji lonec vlijemo olje. Dodamo čebulo, česen, rožmarin in žajbelj. Kuhajte na zmernem ognju, pogosto mešajte, dokler čebula ne postane zlato rjava, približno 10 minut.

Dva. Dodajte paradižnik in dobro premešajte. Prilijemo juho in kuhamo na majhnem ognju. Dodajte bučke in kuhajte 30 minut ali dokler se ne zmehčajo. Po okusu začinimo s soljo in poprom.

3. Dodamo kruhove kocke. Kuhajte, dokler se kruh ne zmehča, približno 10 minut. Pred serviranjem naj počiva še 10 minut. Postrezite z naribanim Parmigiano-Reggiano.

Juha iz bučk in krompirja

Juha iz bučk in krompirja

Za 4 porcije

Ta juha je značilna za tisto, kar bi lahko poleti postregli v domovih južne Italije. Lahko ga spremenite tako, kot bi to naredil italijanski kuhar, tako da bučke zamenjate z drugo zelenjavo, kot je stročji fižol, paradižnik ali špinača, peteršilj pa zamenjate z bazilikom ali meto.

6 domačih skodelic<u>Kokošja juha</u>ali mešanica polovice kupljene juhe in polovice vode

2 žlici oljčnega olja

1 srednja čebula, drobno sesekljana

1 kilogram kuhanega krompirja (približno 3 srednje velike), olupljen in narezan

1 kilogram bučk (približno 4 majhne), olupljene in narezane

Sol in sveže mlet črni poper

2 žlici sesekljanega ploščatega peteršilja

Sveže nariban Parmigiano-Reggiano ali Pecorino Romano

1. Po potrebi pripravimo juho. Nato vlijte olje v srednje veliko skledo. Dodajte čebulo in med pogostim mešanjem kuhajte na zmernem ognju, dokler se ne zmehča in zlato obarva, približno 10 minut.

Dva. Dodamo krompir in bučke. Dodamo juho ter sol in poper po okusu. Zavremo in kuhamo, dokler se zelenjava ne zmehča, približno 30 minut.

3. Sol in poper po okusu. Dodamo peteršilj. Postrezite z naribanim sirom.

Kremna juha iz koromača

Zuppa di Finocchio

Za 6 obrokov

Krompir in koromač imata afiniteto drug do drugega. To juho postrezite okrašeno s sesekljanimi listi komarčka in kančkom ekstra deviškega oljčnega olja.

6 domačih skodelic Kokošja juha ali mešanica polovice kupljene juhe in polovice vode

2 večja por, nasekljana

3 srednje velike čebulice komarčka (približno 2 1/2 funta)

2 žlici nesoljenega masla

1 žlica oljčnega olja

5 kuhanih krompirjev, olupljenih in narezanih na rezine

Sol in sveže mlet črni poper

ekstra deviško olivno olje

1.Po potrebi pripravimo juho. Nato por po dolžini razpolovite in dobro sperite, da med plastmi odstranite morebitne sledi peska. Narežemo na velike kose.

Dva. Stebla koromača obrežite do čebulic in pustite nekaj pernatih zelenih listov za okras. Odrežite podlago in rjave lise. Čebulice narežite na tanke rezine.

3.V veliki kozici na zmernem ognju stopite maslo z oljem. Dodamo por in kuhamo, dokler se ne zmehča, približno 10 minut. Dodamo koromač, krompir, juho ter sol in poper po okusu. Zavremo in kuhamo, dokler se zelenjava ne zmehča, približno 1 uro.

štiri.Z žlico z režami prenesite zelenjavo v kuhinjski robot ali mešalnik. Obdelajte ali mešajte, dokler ni gladka.

5.Vrnite zelenjavo v lonec in rahlo segrejte. Nalijte v jušne sklede, potresite z ločenimi koromači in pokapljajte z oljčnim oljem. Postrežemo ga vroče.

Gobova in krompirjeva juha

Gobova in krompirjeva juha

Za 6 obrokov

Tukaj je še ena juha iz Furlanije-Julijske krajine, pokrajine, znane po odličnih gobah. Tukaj bi uporabili sveže jurčke, a ker jih je težko najti, jih nadomestim s kombinacijo divjih in gojenih gob. Tako krompir kot ječmen sta dodana kot zgoščevalec.

8 domačih skodelic<u>Mesna juha</u>ali mešanica polovice kupljene juhe in polovice vode

2 žlici oljčnega olja

2 unči narezane pancete, drobno sesekljane

1 srednja čebula, drobno sesekljana

2 rebri zelene, drobno sesekljani

1 funt različnih gob, kot so blanco, cremini in portabello

4 žlice sesekljanega svežega peteršilja

2 stroka česna, drobno sesekljana

3 srednje veliki kuhani krompirji, olupljeni in narezani

Sol in sveže mlet črni poper

1 1/2 skodelice bisernega ječmena

1. Po potrebi pripravimo juho. V velik lonec nalijemo olje. Dodajte slanino. Med pogostim mešanjem kuhajte na srednjem ognju do zlato rjave barve, približno 10 minut. Dodajte čebulo in zeleno ter med občasnim mešanjem kuhajte, dokler se ne zmehčata, približno 5 minut.

Dva. Dodamo gobe, 2 žlici peteršilja in česen. Med pogostim mešanjem kuhajte, dokler gobji sok ne izhlapi, približno 10 minut.

3. Dodamo krompir, sol in poper. Prilijemo juho in kuhamo na majhnem ognju. Dodamo ječmen in odkrito dušimo 1 uro ali dokler se ječmen ne zmehča in se juha zgosti.

štiri. Potresemo s preostalim peteršiljem in postrežemo vroče.

Cvetačna krema

Vellutata di Cavolfiore

Za 6 obrokov

Elegantna juha za postrežbo na začetku posebne večerje. Če imate malo olja ali paste s tartufi, poskusite nekaj dodati v juho tik pred serviranjem in izpustite sir.

1 srednja cvetača, obrezana in narezana na 1-palčne cvetove

Sol

3 žlice nesoljenega masla

1 1/4 skodelice večnamenske moke

Približno 2 skodelici mleka

sveže nariban muškatni oreščk

1 1/2 skodelice težke smetane

1/4 skodelice sveže naribanega parmigiano-reggiana

1.Zavrite velik lonec vode. Dodamo cvetačo in sol po okusu. Kuhajte, dokler se cvetača ne zmehča, približno 10 minut. Dobro odcedite.

Dva.V srednje veliki ponvi na srednjem ognju stopite maslo. Dodamo moko in dobro mešamo 2 minuti. Zelo počasi dodajte 2 skodelici mleka in sol po okusu. Zavremo in ob stalnem mešanju kuhamo 1 minuto, dokler se ne zgosti in postane gladka. Odstranite z ognja. Dodamo muškatni orešček in smetano.

3.Cvetačo prestavite v kuhinjski robot ali mešalnik. Pretlačimo, po potrebi dodamo še malo omake, da postane pire gladek. Pire prestavimo v ponev s preostalo omako. Dobro premešamo. Rahlo se segreje, po potrebi dodamo še mleko, da dobimo gosto juho.

štiri. Odstranite z ognja. Okusite in prilagodite začimbe. Dodamo sir in postrežemo.

Sicilijanska paradižnikova in ječmenova juha

Orzo alla Siciliana

Za 4 do 6 obrokov

Namesto naribanega sira Sicilijanci juho pogosto postrežejo z drobno narezanim sirom. Nikoli se popolnoma ne raztopi v juhi in v vsakem grižljaju je čutiti malo sira.

8 domačih skodelic Kokošja juha oz Mesna juha ali mešanica polovice kupljene juhe in polovice vode

8 unč bisernega ječmena, odcejenega in opranega

2 srednje velika paradižnika, olupljena, brez semen in narezana, ali 1 skodelica narezanih paradižnikov v pločevinkah

1 rebro zelene, drobno sesekljane

1 srednja čebula, drobno sesekljana

Sol in sveže mlet črni poper

1 skodelica pecorina romana, narezanega na kocke

1. Po potrebi pripravimo juho. V velikem loncu zmešajte juho, ječmen in zelenjavo ter počasi zavrite. Kuhajte, dokler se ječmen ne zmehča, približno 1 uro. Če je juha pregosta, dodajte vodo.

Dva. Začinimo s soljo in poprom po okusu. Juho nalijemo v sklede, po vrhu potresemo sir.

juha iz rdeče paprike

Zuppa di Peperoni Rossi

Za 6 obrokov

Živahna rdeče-oranžna barva te juhe je privlačen in primeren znak njenega slastnega in osvežilnega okusa. Navdihnila me je juha, ki sem jo poskusil v Il Cibreo, priljubljeni trattoriji v Firencah. Najraje postrežem s toplo fokačo.

6 domačih skodelic<u>Kokošja juha</u>ali mešanica polovice kupljene juhe in polovice vode

2 žlici oljčnega olja

1 srednje sesekljana čebula

1 sesekljana rebra zelene

1 sesekljan korenček

5 velikih rdečih paprik, brez semen in nasekljanih

5 srednje velikih kuhanih krompirjev, olupljenih in narezanih

2 paradižnika, očiščena in narezana

Sol in sveže mlet črni poper

1 skodelica mleka

Sveže nariban Parmigiano-Reggiano

1. Po potrebi pripravimo juho. Nato v večji lonec vlijemo olje. Dodajte čebulo, zeleno in korenček. Med pogostim mešanjem kuhajte na zmernem ognju, dokler zelenjava ni mehka in zlata, približno 10 minut.

Dva. Dodamo papriko, krompir in paradižnik ter dobro premešamo. Prilijemo juho in kuhamo na majhnem ognju. Ogenj zmanjšamo in pustimo vreti 30 minut oziroma dokler se zelenjava ne zmehča.

3. Z žlico z režami prenesite zelenjavo v kuhinjski robot ali mešalnik. Pire do gladkega.

štiri. V lonec vlijemo zelenjavni pire. Juho segrevajte na majhnem ognju in dodajte mleko. Ne pustite, da juha zavre. Sol in poper po okusu. Postrezite vroče, potreseno s sirom.

Fontina, kruh in zeljna juha

Zuppa alla Valpelline

Za 6 obrokov

Eden mojih najlepših spominov na Valle d'Aosto sta regionalni sir fontina in slasten polnozrnat kruh. Sir se proizvaja iz kravjega mleka in zori v gorskih jamah. Poiščite sir z naravno skorjo in silhueto gore, stisnjeno na vrhu, da boste zagotovo dobili pravo fontino. Za to krepko juho uporabite dober kruh. Savojsko zelje je blažjega okusa kot gladkolistno.

8 domačih skodelic <u>Mesna juha</u> ali mešanica polovice goveje juhe iz trgovine in polovice vode

2 žlici nesoljenega masla

1 manjše zelje, drobno naribano

Sol

1/4 žličke sveže mletega muškatnega oreščka

1 1/4 čajne žličke mletega cimeta

sveže mlet črni poper

12 unč Fontina Valle d'Aosta

12 rezin popečenega rženega ali polnozrnatega kruha brez semen

1. Po potrebi pripravimo juho. Nato v velikem loncu stopite maslo. Dodamo zelje in po okusu solimo. Pokrijte in med občasnim mešanjem dušite 30 minut, dokler se zelje ne zmehča.

Dva. Pečico segrejte na 350 ° F. V velik lonec dajte juho, muškatni oreček, cimet, sol in poper ter na zmernem ognju rahlo zavrite.

3. Položite 4 rezine kruha na dno 3-litrskega lonca, odpornega na pečico, ali globokega, težkega lonca ali pekača. Na vrh položimo polovico zelja in tretjino sira. Ponovite z drugo plastjo kruha, zelja in sira. Pokrijte s preostalim kruhom. Previdno prilijemo vročo juho. Prihranjen sir narežemo na majhne koščke in razporedimo po juhi.

štiri. Pecite enolončnico do zlato rjave barve in mehurčkov, približno 45 minut. Pred serviranjem pustite stati 5 minut.

kremna gobova juha

Zuppa di Funghi

Za 8 porcij

Zahvalni dan v Italiji ni praznik, vendar to severnoitalijansko kremno juho iz svežih in suhih gob pogosto postrežem kot del svojega prazničnega jedilnika.

8 domačih skodelic Mesna juha ali mešanica polovice goveje juhe iz trgovine in polovice vode

1 unča posušenih jurčkov

2 skodelici tople vode

2 žlici nesoljenega masla

1 srednja čebula, drobno sesekljana

1 strok česna, drobno sesekljan

1 kg belih gob, narezanih na tanke rezine

1 1/2 skodelice suhega belega vina

1 žlica paradižnikove paste

1 1/2 skodelice težke smetane

Sveže sesekljan peteršilj, za okras

Sol in sveže mlet črni poper

1.Po potrebi pripravimo juho. Nato dajte jurčke v vodo in jih pustite namakati 30 minut. Odstranite gobe iz sklede in prihranite tekočino. Gobe splaknemo pod mrzlo vodo, da odstranimo pesek, pri čemer bodimo še posebej pozorni na konce stebel, kjer se nabira umazanija. Gobe narežemo na večje kose. Gobjo tekočino precedite skozi papirnati filter za kavo v skledo.

Dva.V veliki ponvi na zmernem ognju stopite maslo. Dodajte čebulo in česen ter kuhajte 5 minut. Dodajte vse gobe in med občasnim mešanjem kuhajte, dokler gobe rahlo ne porjavijo, približno 10 minut. Sol in poper po okusu.

3.Prilijemo vino in pustimo, da zavre. Dodajte osnovo, tekočino iz gob in paradižnikovo mezgo. Ogenj zmanjšamo in kuhamo 30 minut.

štiri. Vmešamo smetano. Potresemo s peteršiljem in takoj postrežemo.

Zelenjavna juha s pestom

Pesto Minestrone

Za 6 do 8 obrokov

V Liguriji v sklede za mineštro dodajo žlico dišeče pesto omake. Ni pomembno, ampak resnično izbolǰsa okus juhe.

1 1/4 skodelice olivnega olja

1 srednje sesekljana čebula

2 korenčka, sesekljana

2 sesekljani rebri zelene

4 zrele paradižnike, olupljene, razkoščičene in narezane

1 kilogram smoga ali špinače, sesekljane

3 srednje veliki kuhani krompirji, olupljeni in narezani

3 manjše buče, sesekljane

8 unč zelenega fižola, narezanega na 1/2-palčne kose

8 unč svežega neoluščenega fižola kanelini ali borlotti ali 2 skodelici kuhanega, posušenega ali konzerviranega fižola, odcejenega

Sol in sveže mlet črni poper

1 recept<u>pesto</u>

4 unče majhnih testenin, kot so tubetti ali komolci

1. V velik lonec nalijemo olje. Dodamo čebulo, korenček in zeleno. Med pogostim mešanjem kuhajte na zmernem ognju, dokler zelenjava ni mehka in zlata, približno 10 minut.

Dva. Dodamo paradižnik, blitvo, krompir, bučke in stročji fižol. Prilijemo toliko vode, da prekrije zelenjavo. Sol in poper po okusu. Med občasnim mešanjem kuhajte, dokler se juha ne zgosti in zelenjava ne zmehča, približno 1 uro. Če je pregosto dodamo malo vode.

3. Medtem po potrebi pripravimo pesto. Ko se juha zgosti, dodamo testenine. Kuhajte, mešajte, dokler se testenine ne zmehčajo, približno 10 minut. Naj se malo ohladi. Postrezite vročo s skledo pesta za mizo ali pa juho postrezite v skledah in na sredino vsake položite malo pesta.

Pavia jajčna juha

Zuppa alla Pavese

Za 4 porcije

Poširana jajca na zalogo so hiter in okusen obrok. Juha je pripravljena za serviranje, ko se beljaki strdijo, rumenjaki pa še mehki.

2 domača litra <u>Mesna juha</u> ali mešanica polovice kupljene juhe in polovice vode

4 rezine podeželskega kruha, rahlo popečene

4 velika jajca, pri sobni temperaturi

4 do 6 žlic sveže naribanega parmigiano-reggiana

Sol in sveže mlet črni poper

1. Po potrebi pripravimo juho. Če ni sveža, juho segrevamo na majhnem ognju. Po okusu začinimo s soljo in poprom.

Dva. Pripravite 4 sklede tople juhe. V vsako skledo položite rezino toasta, nato pa na vsako rezino toasta razbijte jajce.

3. Vročo juho prelijemo čez jajca, da so za nekaj centimetrov prekrita. Potresemo s sirom. Pustite stati, dokler se beljak ne skuha po okusu. Postrežemo ga vroče.

slano pitno testo

Solata s testeninami Frolla

Naredi 9- do 10-palčno skorjo za pito

S sirom, jajci in zelenjavo lahko pripravite slano pito, podobno quichu. To pecivo je dobro pri sobni temperaturi ali vroče in ga lahko postrežete kot samostojno piatto (ena jed) ali kot predjed. To testo je dobro za vse vrste slanih piškotov.

To testo sem razporedila med dve plasti plastike. Preprečuje prijemanje testa na pekač in valjar, zato ni treba dodajati več moke, ki lahko naredi testo žilavo. Da je skorjica na dnu hrustljava, skorjico pred dodajanjem nadeva delno zapečem.

1 1/2 skodelice večnamenske moke

1 čajna žlička soli

1 1/2 skodelice (1 palčka) nesoljenega masla, pri sobni temperaturi

1 rumenjak

3 do 4 žlice ledene vode

1.Pripravite testo: V veliki skledi zmešajte moko in sol. S stojnim mešalnikom ali vilicami narežite maslo, dokler zmes ne postane podobna grobim drobtinam.

Dva. Rumenjak stepemo z 2 žlicama vode. Mešanico potresemo po moki. Nežno mešajte, dokler ni testo enakomerno navlaženo in se ne sprijema. Po potrebi dodamo preostalo vodo.

3.Testo oblikujemo v disk. Zavijte v plastiko. Ohladite 30 minut ali čez noč.

štiri.Če je bilo testo čez noč v hladilniku, ga pustite 20 do 30 minut na sobni temperaturi, preden ga razvaljate. Testo položite med dva lista plastične folije in razvaljajte v 12-palčni krog, pri čemer testo obrnite in plastično folijo premaknite z vsakim obratom. Odstranite zgornjo plast plastične folije. S preostalim listom za vzhajanje testa postavite testo na sredino s plastično stranjo navzgor v pekač s premerom od 9 do 10 palcev z odstranljivim dnom. Odstranite plastično folijo. Testo nežno vtisnemo v podlago in ob stranice.

5. Z valjarjem povaljajte vrh pekača in zarežite testo, ki pride ven. Testo pritisnemo na rob pekača, da naredimo rob višji od roba pekača. Testo hladimo v hladilniku 30 minut.

6. Rešetko postavite v spodnjo tretjino pečice. Pečico segrejte na 450 ° F. Z vilicami prebodite dno skorje za pito v 1-palčnih intervalih. Pečemo 5 minut, nato testo ponovno prebodemo. Pečemo do konca, še 10 minut. Odstranite skorjo iz pečice. Pustimo, da se ohladi na žaru 10 minut.

Torta s špinačo in rikoto

Špinačni tart

Za 8 porcij

To vrsto torte sem jedel v Ferrari, eni mojih najljubših restavracij v Rimu. Nekaj podobnega kot quiche, narejen je iz rikote, da je bolj kremast. Idealen je za kosilo ali malico, postrežen s solato in ohlajenim sivim pinotom.

1 receptslano pitno testo

obremenitev

1 kilogram špinače nasekljamo in operemo

1 1/4 skodelice vode

1/2 skodelice cele ali delno posnete rikote

1 1/2 skodelice težke smetane

3/4 skodelice sveže naribanega parmigiano-reggiana

2 veliki jajci, pretepeni

¼ žličke sveže naribanega muškatnega oreščka

Sol in sveže mlet črni poper

1. Pripravimo in delno spečemo skorjo. Zmanjšajte temperaturo pečice na 375 °F.

Dva. Medtem pripravimo nadev. Špinačo postavite v velik lonec na zmeren ogenj z vodo. Pokrijte in kuhajte 2 do 3 minute oziroma dokler niso mehki in mehki. Odcedimo in ohladimo. Špinačo zavijte v krpo, ki ne pušča vlaken, in iz nje iztisnite čim več vode. Špinačo drobno sesekljajte.

3. V veliki skledi zmešajte špinačo, rikoto, smetano, sir, jajca, muškatni orešček ter sol in poper po okusu. Mešanico strgajte v pripravljeno lupino za pito.

štiri. Pečemo 35 do 40 minut oziroma dokler nadev ni čvrst in rahlo zlate barve.

5. Torto hladimo v modelu 10 minut. Odstranite zunanji rob in torto položite na servirni krožnik. Postrezite toplo ali pri sobni temperaturi.

porov tart

Crostata di Porri

Za 6 do 8 obrokov

To torto sem jedel v enoteci ali vinskem baru v Bologni. Okus po oreščkih parmigiana in smetane okrepi sladek okus pora. Namesto pora ga lahko pripravimo tudi s prepraženimi gobami ali papriko.

1 receptslano pitno testo

obremenitev

4 srednje veliki por, približno 1 1/4 kilograma

3 žlice nesoljenega masla

Sol

2 veliki jajci

3 1/4 skodelice težke smetane

1/3 skodelice sveže naribanega parmigiano-reggiana

sveže nariban muškatni oreršček

sveže mlet črni poper

1. Pripravimo in delno spečemo skorjo. Zmanjšajte temperaturo pečice na 375 °F.

Dva. Pripravimo nadev: poru porežemo koren in večji del zelenih vrhov. Po dolgem jih razpolovite in med vsako plastjo dobro sperite pod mrzlo vodo. Por narežemo na tanke prečne rezine.

3. V veliki ponvi na zmernem ognju stopite maslo. Dodamo por in ščepec soli. Med pogostim mešanjem kuhajte, dokler se por ne zmehča, ko ga prebodete z nožem, približno 20 minut. Ponev odstavimo z ognja in pustimo, da se ohladi.

štiri. V srednje veliki skledi zmešajte jajca, smetano, sir in ščepec muškatnega oreščka. Dodamo por in poper po okusu.

5. Mešanico vlijemo v delno pečeno skorjo za pito. Pečemo 35 do 40 minut oziroma dokler se nadev ne strdi. Postrezite toplo ali pri sobni temperaturi.

Sendviči z mocarelo, baziliko in pečeno papriko

Panini z mocarelo

Za 2 porciji

Včasih naredim ta sendvič tako, da baziliko zamenjam z rukolo, rdečo papriko pa s pršutom.

4 unče svežega sira mocarela, narezanega na 8 rezin

4 rezine vaškega kruha

4 listi sveže bazilike

1/4 skodelice pražene rdeče ali rumene paprike, narezane na tanke rezine

1. Rezine mocarele narežite tako, da se prilegajo kruhu. Če je mocarela sočna, jo osušimo. Polovico sira v eni plasti položite na dve rezini kruha.

Dva. Po siru potresemo baziliko in papriko ter potresemo s preostalo mocarelo. Preostali kruh položite na vrh in ga močno pritisnite z rokami.

3. Segrejte stiskalnico za sendviče ali ponev za žar. Sendviče položite v stiskalnico in kuhajte, dokler niso opečeni, približno 4 do 5 minut. Če uporabljate pekač, nanj postavite težko utež, na primer pladenj. Sendviče, ko zlato obarvajo, obrnemo na eni strani, prelijemo z utežmi in popečemo še drugo stran. Postrežemo ga vroče.

Sendviči s špinačo in robiolo

Panino di Spinaci in Robiola

Za 2 porciji

Focaccia doda prijeten okus in teksturo stisnjenim paninijem. Špinačo lahko nadomestite z drugo zelenjavo ali uporabite ostanke zelenjave. Za sir najraje uporabljam robiolo, mehak kremast sir iz kravjega, kozjega ali ovčjega mleka ali mešanice, iz Piemonta in Lombardije. Druge možnosti so svež kozji sir ali celo stepen sir. Nadevu dodajte kapljico ali dve tartufovega olja za zemeljski okus in razkošen pridih.

1 paket (10 unč) sveže špinače

4 unče sveže robiole ali nadomestka za kozji sir

Tartufovo olje (neobvezno)

2 kvadrata ali rezina sveže fokače

1. Špinačo postavite v velik lonec na srednji ogenj z 1/4 skodelice vode. Pokrijte in kuhajte 2 do 3 minute oziroma dokler niso mehki in mehki. Odcedimo in ohladimo. Špinačo

zavijte v krpo, ki ne pušča vlaken, in iz nje iztisnite čim več vode.

Dva. Špinačo drobno nasekljajte in dajte v srednje veliko skledo. Dodamo sir in špinačo zmešamo s sirom. Po želji dodamo še kapljico ali dve olja iz tartufov.

3. Focaccio z dolgim nazobčanim nožem previdno vodoravno prerežite na pol. Zmes namažemo na spodnje polovice fokače. Položite vrhove sendvičev in jih rahlo sploščite.

štiri. Segrejte stiskalnico za sendviče ali ponev za žar. Če uporabljate stiskalnico, postavite sendviče v stiskalnico in jih kuhajte, dokler niso opečeni, približno 4-5 minut. Če uporabljate ponev za žar, položite sendviče vanjo in nato nanje težjo utež, na primer ponev.

5. Ko se na eni strani zapečejo, sendviče obrnemo, obložimo z utežjo in popečemo še drugo stran. Postrežemo ga vroče.

Sendvič Riviera

Panino della Riviera

Za 4 porcije

Geografska meja, ki ločuje Italijo in Francijo, ne pomeni razlike v hrani, ki jo uživata obe strani. Zaradi podobnega podnebja in geografije imajo ljudje, ki živijo ob italijanski in francoski obali, zelo podobne prehranjevalne navade. Primer sta francoski pan bagnat in italijanski pane bagnato, kar pomeni "namočen kruh", včasih imenovan tudi sendvič Riviera v Italiji. Ta sočen sendvič, prelit z živahnim vinaigrette prelivom, je napolnjen s tuno in pečeno papriko. Na italijanski strani meje tuno nadomestijo z mocarelo in dodajo inčune, ostalo pa je večinoma enako. To je popoln sendvič za na piknik, saj se okusi tako dobro ujamejo in je tako, kot je, samo še boljši.

1 italijanska štruca, dolga približno 12 centimetrov

Povoj

1 strok česna, zelo drobno sesekljan

1 1/4 skodelice olivnega olja

2 žlici kisa

1 1/2 čajne žličke zdrobljenega posušenega origana

Sol in sveže mlet črni poper

2 zrela paradižnika, narezana na rezine

1 pločevinka (2 unči) sardonov

8 unč narezane mocarele

2 ocvrti papriki Babura, olupljeni in posuti s semeni

12 na olju posušenih oliv, izkoščičenih in nasekljanih

1. Kruh po dolžini prerežite na pol in izdolbite mehak kruh v notranjosti.

Dva. Sestavine za preliv zmešajte v manjši skledi in s polovico preliva prelijte odrezane stranice kruha. Spodnjo polovico kruha obložite s paradižniki, inčuni, mocarelo, pečeno papriko in olivami, tako da vsako plast pokrijete z malo preliva.

3. Postavite zgornji del sendviča in ga stisnite skupaj. Zavijemo v folijo in pokrijemo z desko ali težko pekačem. Pustite na sobni temperaturi do 2 uri ali v hladilniku čez noč.

štiri. Narežite na 3-palčne široke sendviče. Postrežemo ga pri sobni temperaturi.

Trikotni sendviči s tuno in pečeno papriko

Tramezzini al Tonno e Feferoni

Naredi 3 sendviče

Nekatere enake okuse krepkega sendviča Riviera najdemo v tem nežnem trikotnem sendviču, ki sem ga poskusil v najljubši romunski kavarni. Tuna je bila začinjena s koromačevimi semeni, jaz pa jo rad nadomestim s cvetnim prahom koromača, ki ni nič drugega kot zmleta semena koromača, a je bolj okusna. Danes ga uporabljajo številni kuharji, najdemo pa ga lahko v specializiranih gurmanskih trgovinah s suhimi zelišči ter na internetu. Če cvetnega prahu komarčka ne najdete, ga nadomestite s semeni komarčka, ki jih lahko sami zmeljete v mlinčku za začimbe ali sesekljate z nožem.

1 majhna ocvrta rdeča paprika, odcejena in narezana na tanke trakove

ekstra deviško olivno olje

Sol

1 pločevinka (3 1/2 unče) italijanske tune, pakirane v olivnem olju

2 žlici majoneze

1 do 2 čajni žlički svežega limoninega soka

1 žlica sesekljane mlade čebule

1 čajna žlička cvetnega prahu komarčka

4 rezine kakovostnega belega kruha

1.Pečeno papriko premažemo z malo olja in solimo.

Dva. Tunino odcedimo in damo v skledo. Tuno z vilicami dobro razdrobimo. Zmešajte majonezo, limonin sok po okusu in zeleno čebulo.

3.Tuno namažemo na dve rezini kruha. Na vrh položite trakove paprike. Pokrijte s preostalim kruhom, nežno pritisnite.

štiri.Z velikim kuharskim nožem odrežite skorjo kruha. Sendviče diagonalno prerežite na pol, tako da tvorita dva trikotnika. Postrezite takoj ali tesno pokrijte s plastično folijo in ohladite do serviranja.

Trikotni sendviči s šunko in figami

Tramezzini di Pršut in Fichi

Naredi 2 sendviča

Slan okus pršuta in sladkoba fig poskrbita za lep kontrast v tem sendviču. Zelo dober je kot aperitiv, če ga narežete na četrtine. Postrezite s penečim proseccom.

Nesoljeno maslo, pri sobni temperaturi

4 rezine kakovostnega belega kruha

Približno 2 žlici figove marmelade

4 tanke rezine uvoženega italijanskega pršuta

1. Vsako rezino kruha namažite z malo masla na eni strani. Vsako rezino namažite s približno 2 žličkama figove marmelade na vrh masla.

Dva. Na sredino rezin položite dve rezini šunke Serrano. Preostale rezine kruha položite z marmelado navzdol na šunko Serrano.

3. Z velikim kuharskim nožem odrežite skorjo kruha. Sendviče diagonalno prerežite na pol, tako da tvorita dva trikotnika. Postrezite takoj ali pokrijte s plastično folijo in ohladite.

Zrela jabolka Amaretto

Mele al'Amaretto

Za 6 obrokov

Amaretto je sladka pijača; amaretti so kratke torte. Oba italijanska proizvoda sta aromatizirana z dvema vrstama mandljev: znano sorto in rahlo grenkim mandljem, ki se ne uživa samostojno, čeprav se v Italiji pogosto uporablja za aromatiziranje sladic. Amaro pomeni "grenak" in po teh mandljih so dobili ime liker in pecivo. Oboje je široko dostopno: piškoti v specializiranih trgovinah in po pošti, alkoholne pijače pa v številnih trgovinah z alkoholnimi pijačami.

Najbolj znana znamka piškotov amaretti je pakirana v prepoznavne rdeče škatle oz. Piškote po parih zavijemo v papirnate brisače. Obstajajo tudi druge znamke amaretti, ki pakirajo piškote v vrečke. Amarettija imam vedno doma. Obdrži se dolgo in ga uživamo ob skodelici čaja ali kot sestavino raznih sladkih in slanih jedi.

Zlata jabolka so moja najljubša za peko. Lokalno pridelani so sladki in hrustljavi, a kuhani zelo dobro ohranijo obliko.

6 jabolk za peko, kot zlata poslastica

6 amaretti piškotov

6 žlic sladkorja

2 žlici nesoljenega masla

6 žlic amaretta ali ruma

1. Rešetko postavite na sredino pečice. Pečico segrejte na 375 ° F. Namastite dovolj velik pekač, da lahko jabolka držijo pokonci.

Dva. Jabolku izrežite sredico in jabolka olupite približno dve tretjini od peclja.

3. Krekerje amaretti položite v plastično vrečko in jih nežno zmečkajte s težkim predmetom, kot je valjar. V srednje veliki skledi zmešajte drobtine s sladkorjem in maslom.

štiri. Na sredino vsakega jabolka nadevajte malo mešanice. Amaretto prelijemo čez jabolka. Okoli jabolk nalijte 1 skodelico vode.

5.Pečemo 45 minut oziroma dokler se jabolka ne zmehčajo, ko jih prebodemo z nožem. Postrezite toplo ali pri sobni temperaturi.

Livijina jabolčna pita

Torta di Mele alla Livia

Za 8 porcij

Moja prijateljica Livia Colantonio živi v Umbriji na kmetiji Podernovo. Na kmetiji redijo govedo pasme Chianina, pridelujejo različne sorte grozdja in stekleničijo vina z oznako Castello delle Regine.

Gostje lahko bivajo v enem od lepo obnovljenih penzionov v Podernovem, ki je le 45 minut od Rima, in uživajo v mirnih počitnicah. Livija naredi to preprosto, a senzacionalno 'torto', ki se vedno odlično prileže po jesenskem ali zimskem obroku. To ni torta v tradicionalnem smislu, saj je skoraj v celoti narejena iz jabolk, med plastmi pa je le nekaj piškotnih drobtin, ki zadržijo nekaj sadnih sokov. Postrežemo ga s stepeno smetano ali rumom in sladoledom z rozinami.

Potrebovali boste okroglo ponev ali pekač, širok 9 centimetrov in globok 3 centimetre. Uporabite pekač, pekač ali pekač za sufle, vendar ne pekača, ker bo iztekel jabolčni sok.

12 amaretti piškotov

3 kg Golden Delicious, Granny Smith ali drugih trdih jabolk (približno 6 velikih)

1 1/2 skodelice sladkorja

1. Krekerje amaretti položite v plastično vrečko in jih nežno zmečkajte s težkim predmetom, kot je valjar. Imeti morate približno 3/4 skodelice drobtin.

Dva. Jabolka olupimo in po dolžini narežemo na četrtine. Četrtine narežite na 1/8 palca debele rezine.

3. Rešetko postavite na sredino pečice. Pečico segrejte na 350° F. Izdatno namastite 9 x 3-palčni okrogel pekač ali vzmetni pekač. Dno pekača obložimo s krogom peki papirja. Namastite papir.

štiri. Naredite plast jabolk, tako da rahlo prekrijejo dno pekača. Potresemo z malo drobtin in sladkorja. V ponvi izmenično zmešajte preostale rezine jabolk s preostalimi drobtinami in sladkorjem. Jabolčnih rezin ni treba negovati. Na vrh položimo aluminijasto folijo, ki jo zavijemo čez rob pekača.

5. Jabolka pečemo 1 uro in pol. Odkrijte in pecite nadaljnjih 30 minut oziroma dokler se jabolka ne zmehčajo, ko jih

prebodete z nožem, in zmanjšajo prostornino. Pekač prestavite na rešetko. Pustite, da se ohladi vsaj 15 minut. Z nožem potegnite po robu ponve. Z eno roko držite ponev za ročaje in nanjo položite raven servirni krožnik. Oboje obrnite tako, da jabolka premaknete na krožnik.

6. Postrezite pri sobni temperaturi, narezano na rezine. Pokrijte z obrnjeno posodo in hranite v hladilniku do 3 dni.

Marelice v limoninem sirupu

Marelice Limone

Za 6 obrokov

Popolnoma zrelih marelic res ni treba izboljšati, a če imate nekatere, ki niso popolne, jih poskusite poširati v preprostem limoninem sirupu. Poširane marelice postrežemo hladne, najbolje s stepeno smetano z okusom amaretta.

1 skodelica hladne vode

1 1/4 skodelice sladkorja ali po okusu

2 (2 palca) trakova limonine lupinice

2 žlici svežega limoninega soka

1 kilogram marelic (približno 8)

1. V loncu ali ponvi, ki je dovolj velika, da vanjo položite polovice marelic v eni plasti, zmešajte vodo, sladkor, lupinico in sok. Pustite vreti na srednje nizkem ognju in kuhajte, ponev enkrat ali dvakrat obrnite, 10 minut.

Dva. Marelice po črti prerežemo na pol in jim odstranimo pečke. Polovice položimo v vreli sirup. Kuhajte, enkrat obrnite, dokler se sadje ne zmehča, približno 5 minut.

3. Pustite, da se marelice na kratko ohladijo v sirupu, nato jih pokrijte in ohladite. Postrežemo jo hladno.

Gozdni sadeži z limono in sladkorjem

Frutti di Bosco al Limone

Za 4 porcije

Svež limonin sok in sladkor dajeta poln okus jagodam. Poskusite to z eno vrsto žita ali kombinacijo. Jagode po želji prelijemo z kepico limoninega ledu ali šerbeta.

Eno mojih najljubših sadežev, majhna gozdna jagoda (fragoline del bosco), je pogosta v Italiji, vendar pri nas ni široko dostopna. Gozdne jagode imajo prijeten vonj po jagodah in jih je enostavno gojiti v posodi. Semena so na voljo pri številnih kataloških podjetjih, rastline pa lahko kupite v številnih drevesnicah tukaj v Združenih državah.

1 skodelica narezanih jagod

1 skodelica robid

1 skodelica borovnic

1 skodelica malin

Sveže iztisnjen limonin sok (približno 2 žlici)

Sladkor (približno 1 žlica)

1.Nežno zložite jagode v veliko skledo. Potresemo z limoninim sokom in sladkorjem po okusu. Okusite in prilagodite začimbe.

Dva. Jagode razporedite po plitvih servirnih skledah. Postrezite takoj.

Jagode z balzamičnim kisom

Balzamične jagode

Za 2 porciji

Če najdete majhne gozdne jagode, ki jih v italijanščini imenujejo fragoline del bosco, jih uporabite v tej sladici. Običajnim svežim jagodam pa bo koristila tudi hitra marinada v staranem balzamičnem kisu. Tako kot malo svežega limoninega soka na kosu ribe ali soli na zrezku, intenziven sladek in oster okus balzamičnega kisa popestri številna živila. Na to pomislite kot na začimbo, ne na kis.

Staran balzamični kis boste verjetno morali kupiti v specializirani trgovini. Na območju New Yorka je eden mojih najljubših virov Di Palo Fine Foods na Grand Street v Mali Italiji (glejvir). Louis Di Palo je hodeča enciklopedija balzamičnega kisa, pa tudi vseh drugih prehrambenih izdelkov, uvoženih iz Italije. Ko sem prvič naročil balzamiko, je prinesel nekaj steklenic in ponudil vzorce vsem v trgovini, ko je razlagal vsakega.

Najboljši balzamiko proizvajajo v provincah Modena in Reggio v Emiliji-Romanji. Gladko, kompleksno in sirupasto, po okusu je bolj podobno bogatemu likerju kot močnemu kisu in se pogosto pije kot cordial. Na etiketi poiščite besede Aceto Balsamico Tradizionale. Čeprav je drago, malo gre daleč.

1 liter divjih ali gojenih jagod, narezanih, če so velike

2 žlici vrhunskega staranega balzamičnega kisa ali po okusu

2 žlici sladkorja

V srednje veliki skledi premešajte jagode s kisom in sladkorjem. Pred serviranjem pustite stati 15 minut.

Maline z mascarponejem in balzamičnim kisom

Čebulice z maskarponejem in balzamiko

Za 4 porcije

Občutljive maline vedno sperite, preden jih boste pripravljeni uporabiti; če jih operete zgodaj, se lahko zaradi vlage hitreje pokvarijo. Pred serviranjem jih preglejte in zavrzite vse, ki kažejo plesen. Jagode shranjujte v plitvi nepokriti posodi v hladilniku, vendar jih porabite čim prej po nakupu, saj se hitro pokvarijo.

Mascarpone je gosta, gladka krema, ki ji rečemo sir, čeprav ima le blag okus po siru. Ima teksturo, ki je podobna kremi ali nekoliko gostejša. Če želite, lahko nadomestite crème fraîche, rikoto ali kislo smetano.

1 1/2 skodelice mascarponeja

Približno 1/4 skodelice sladkorja

1 do 2 žlici najbolj kakovostnega staranega balzamičnega kisa

2 skodelici malin, rahlo opranih in posušenih

1.V majhni skledi stepite mascarpone in sladkor, dokler se dobro ne združita. Po okusu dodajte acetobalzamiko. Pustite stati 15 minut in ponovno premešajte.

Dva. Maline razdelite v 4 kozarce ali servirne sklede. Pokrijte z mascarponejem in takoj postrezite.

Češnje v Barolu

Barolo češnje

Za 4 porcije

Tukaj se sladke, zrele češnje kuhajo po piemontsko v barolu ali drugem polnem rdečem vinu.

³1/4 skodelice sladkorja

1 skodelica Barolo ali drugega suhega rdečega vina

1 kilogram izkoščičenih zrelih češenj

1 skodelica težke ali težke smetane, zelo hladne

1. Vsaj 20 minut preden ste pripravljeni na stepanje smetane, postavite veliko posodo in baterije električnega mešalnika v hladilnik.

Dva. V veliki ponvi zmešajte sladkor in vino. Zavremo in pustimo vreti 5 minut.

3. Dodajte češnje. Ko tekočina ponovno zavre, kuhajte, dokler se češnje ne zmehčajo, ko jih prebodete z nožem, še približno 10 minut. Naj se ohladi.

štiri. Tik pred serviranjem vzemite skledo in mešalnike iz hladilnika. Smetano vlijemo v skledo in stepamo na visoki hitrosti, dokler ne obdrži svoje oblike, ko metlice dvignemo, približno 4 minute.

5. V servirne posodice stresemo češnje. Postrežemo jo pri sobni temperaturi ali rahlo hladno s stepeno smetano.

vroč pečen kostanj

Caldarroste

Za 8 porcij

Martinje, 11. november, po vsej Italiji praznujejo s pečenim kostanjem in svežim rdečim vinom. Praznik ne zaznamuje le praznika ljubljenega svetnika, ki je bil znan po svoji dobroti do revnih, ampak tudi konec rastne sezone, dan, ko zemlja počiva za zimo.

Pečen kostanj je tudi klasičen zaključek italijanskih zimskih prazničnih jedi. V pečico jih dam speči, ko se usedemo k večerji, in ko končamo glavno jed, so pripravljeni za uživanje.

1 kg svežega kostanja

1. Rešetko postavite na sredino pečice. Pečico segrejte na 425° F. Kostanj sperite in posušite. Kostanj položite na desko za rezanje z ravno stranjo navzdol. S konico majhnega, ostrega noža previdno zarežite X na vrhu vsakega.

Dva. Kostanj položite na velik list močne aluminijaste folije. En konec prepognemo čez drugega, da zapremo kostanj.

Upognite konce, da jih zaprete. Paket položimo na pekač. Pecite kostanj, dokler se ne zmehča, ko ga prebodete z majhnim nožem, približno 45 do 60 minut.

3.Paket folije prenesite na rešetko, da se ohladi. Kostanj pustimo zavit v alu folijo 10 minut. Postrežemo ga vroče.

konzervirane fige

Marmellata di Fichi

Naredi 1 1/2 kvarta

Fige, domače in divje, rastejo po vsej Italiji, razen v najsevernejših predelih, kjer je premrzlo. Ker so tako sladke in široko dostopne, se fige uporabljajo v številnih sladicah, zlasti v južni Italiji. Zrele fige se slabo skladiščijo, zato jih, ko jih je pozno poleti veliko, shranimo na različne načine. V Pugliji fige kuhajo v vodi, da naredijo gost, sladek sirup, ki se uporablja v sladicah. Fige tudi sušimo na soncu ali konzerviramo.

Majhno serijo konzerviranih fig je enostavno pripraviti in bo v hladilniku shranjena do enega meseca. Za daljše skladiščenje je treba marmelado shraniti (po varnih metodah konzerviranja) ali zamrzniti. Postrezite kot prilogo k krožniku s sirom ali za zajtrk na maslenem kruhu z orehovimi orehi.

1 1/2 kg svežih zrelih fig, opranih in posušenih

2 skodelici sladkorja

2 trakova limonine lupine

1. Fige očistimo in narežemo na četrtine. Dajte jih v srednje veliko skledo s sladkorjem in limonino lupinico. Dobro premešamo. Pokrijte in hladite čez noč.

Dva. Naslednji dan vsebino lonca prestavite v veliko, težko ponev. Pustimo, da na srednjem ognju rahlo vre. Kuhajte, občasno premešajte, dokler se zmes nekoliko ne zgosti, približno 5 minut. Če želite preveriti, ali je zmes dovolj gosta, kanite kapljico rahlo ohlajene tekočine med palec in kazalec. Če zmes tvori vrvico, ko sta palec in prst rahlo narazen, je konzervirana.

3. Nalijte v sterilizirane kozarce in hranite v hladilniku do 30 dni.

fige v čokoladi

Fichi al Cioccolato

Za 8 do 10 obrokov

Vlažne suhe fige, polnjene z orehi in namočene v čokolado, so prijetna poslastica po večerji.

Rad kupujem kandirano pomarančno lupino v Kalustyan's, trgovini z živili v New Yorku, ki je specializirana za začimbe, suho sadje in oreščke. Ker jih veliko prodajo, je vedno sveža in polnega okusa. Veliko drugih specializiranih trgovin prodaja dobre kandirane pomarančne lupine. Prijavite se lahko tudi po pošti (glvir). Kandirana pomarančna lupina iz supermarketa in drugo sadje je narezano na majhne koščke in je običajno suho in brez okusa.

18 vlažnih suhih fig (približno 1 kilogram)

18 praženih mandljev

1 1/2 skodelice kandirane pomarančne lupinice

4 unče temne čokolade, sesekljane ali zlomljene na majhne koščke

2 žlici nesoljenega masla

1. Pekač obložite s povoščenim papirjem in nanj postavite rešetko za hlajenje. Na dnu vsake fige naredite majhno vdolbino. Figam dodamo mandelj in košček pomarančne lupinice. Stisnite režo, da jo zaprete.

Dva. V zgornjo polovico kuhalnika na pari postavite vrelo vodo, stopite čokolado in maslo, približno 5 minut. Odstranite z ognja in mešajte, dokler ni homogena. Pustite stati 5 minut.

3. Vsako figo pomočite v stopljeno čokolado in položite na rešetko. Ko se vse fige zmehčajo, damo pladenj v hladilnik, da se čokolada strdi, približno 1 uro.

štiri. Fige položite v nepredušno posodo, vsako plast ločite s povoščenim papirjem. Hraniti v hladilniku do 30 dni.

Fige v vinskem sirupu

Filet alla Contadina

Za 8 porcij

Posušene fige Calimyrna in California Mission so vlažne in debele. Za ta recept lahko uporabite katero koli vrsto. Po poširanju so dobri takšni kot so ali postreženi s sladoledom ali stepeno smetano. Odlično se podajo tudi k gorgonzoli.

1 skodelica santo vina, marsale ali suhega rdečega vina

2 žlici medu

2 (2 palca) trakova limonine lupinice

18 vlažnih suhih fig (približno 1 kilogram)

1. V srednje veliki ponvi zmešajte vin santo, med in limonino lupinico. Zavremo in pustimo vreti 1 minuto.

Dva. Dodamo fige in hladno vodo, da pokrije. Tekočino zavremo in lonec pokrijemo. Kuhajte, dokler se fige ne zmehčajo, približno 10 minut.

3. Fige z rešetkasto žlico preložimo iz lonca v skledo. Tekočino kuhajte nepokrito, dokler se ne zreducira in nekoliko zgosti, približno 5 minut. S sirupom prelijemo fige in pustimo, da se ohladijo. V hladilniku vsaj 1 uro in največ 3 dni. Postrežemo jo rahlo hladno.

Dorine pečene fige

Datoteka v Fornu

naredi 2 ducata

Suhe fige, polnjene z orehi, so Pugliese specialiteta. Ta recept je od moje prijateljice Dore Marzovilla, ki jih postreže kot prigrizek po večerji v družinski restavraciji I Trulli v New Yorku. Fige postrezite s kozarcem desertnega vina, na primer Moscato di Pantelleria.

24 vlažnih suhih fig (približno 1 1/2 funta), z odstranjenimi vrhovi stebel

24 praženih mandljev

1 žlica komarčkovih semen

1 1/4 skodelice lovorovih listov

1. Rešetko postavite na sredino pečice. Pečico segrejte na 350° F. Odstranite trde konce pecljev z vsake fige. Figam z majhnim nožem odrežemo spodnji del. V fige vstavite mandlje in stisnite režo.

Dva. Fige razporedimo po pekaču in pečemo 15 do 20 minut oziroma dokler rahlo ne porjavijo. Pustite, da se ohladi na rešetki.

3. Fige postavite v nepredušno 1-litrsko stekleno ali plastično posodo. Potresemo nekaj semen komarčka. Na vrh položite plast lovorovih listov. Plasti ponavljajte, dokler ne porabite vseh sestavin. Pokrijte in hranite na hladnem (vendar ne v hladilniku) vsaj 1 teden, preden postrežete.

Med v metinem sirupu

Melona alla Menta

Za 4 porcije

Po odlični ribji večerji v obmorski restavraciji na Siciliji so nam postregli to svežo kombinacijo melone, kopane v svežem metinem sirupu.

1 skodelica hladne vode

1 1/2 skodelice sladkorja

1/2 skodelice pakiranih svežih metinih listov, plus veliko za okras

8 do 12 rezin olupljene zrele melone

1. V loncu zmešamo vodo, sladkor in metine lističe. Zavremo in kuhamo 1 minuto ali dokler se listi ne zmehčajo. Odstranite z ognja. Pustite, da se ohladi, nato pa sirup precedite skozi cedilo z drobno mrežico v skledo, da odcedite metine liste.

Dva. Lubenico damo v skledo in jo prelijemo s sirupom. Na kratko ohladite v hladilniku. Postrežemo ga okrašenega z listi mete.

Pomaranče v pomarančnem sirupu

Pomarančna marinada

Za 8 porcij

Sočne pomaranče v sladkem soku so odlična sladica po obilnem obroku. Še posebej jih rada postrežem pozimi, ko so sveže pomaranče najboljše. Pomaranče, razporejene po pladnju, izgledajo tako lepo s prelivom iz trakov pomarančne lupine in penečim sirupom. Kot različico narežite pomarančo in zmešajte z narezanim zrelim ananasom. Povsod postrezite pomarančno omako.

8 velikih pomaranč za popek

1 1/4 skodelice sladkorja

2 žlici žganja ali pomarančnega likerja

1. Pomaranče operemo s krtačko. Odrežite vrhove. Z lupilcem zelenjave v širokih trakovih odstranimo obarvani del pomarančne lupine (olupek). Izogibajte se kopanju v grenko belo sredico. Trakove lupine zložimo na kup in jih narežemo na ozke palčke.

Dva. Pomaranči odstranimo belo sredico. Pomaranče razporedimo po servirnem krožniku.

3. Zavrite majhen lonec vode. Dodamo pomarančno lupinico in kuhamo na majhnem ognju. Kuhajte 1 minuto. Odcedite lupino in sperite s hladno vodo. ponovi (To bo pomagalo odstraniti grenkobo iz lupine.)

štiri. Sladkor in 1/4 skodelice vode postavite v drugo majhno ponev na srednje močan ogenj. Mešanico zavrite. Kuhamo, dokler se sladkor ne raztopi in se sirup zgosti, približno 3 minute. Dodamo pomarančno lupinico in kuhamo še 3 minute. Naj se ohladi.

5. Vsebini lonca dodamo pomarančno žganje. Iz sirupa z vilicami odstranimo pomarančno lupinico in jo položimo na pomaranče. Žlico v sirupu. Pred serviranjem pokrijte in ohladite do 3 ure.

Gratinirane pomaranče z Zabaglionom

Pomaranča alo Zabaglione

Za 4 porcije

Gratiné je francoska beseda, ki pomeni porjaveti površino jedi. Običajno se uporablja za slano hrano, ki jo potresemo z drobtinami ali sirom, da porjavi.

Zabaglione običajno postrežemo samostojno ali kot sadno ali tortno omako. Tu ga prelijemo čez pomaranče in kratek čas pečemo na žaru, da rahlo porjavi in naredi kremast premaz. Na ta način lahko pripravite tudi banane, kivi, jagode ali drugo mehko sadje.

6 pomaranč, olupljenih in na tanke rezine narezanih

sabayon

1 veliko jajce

2 velika rumenjaka

1/3 skodelice sladkorja

1/3 skodelice suhe ali sladke marsale

1.Segrejte žar. Rezine pomaranč rahlo prekrivajte v pekaču.

Dva. Pripravite zabaglione: Napolnite majhno ponev ali dno lonca na pritisk z dva centimetra vode. Na majhnem ognju pustimo vreti. V skledi, večji od roba ponve ali vrha vodne kopeli, stepemo jajce, rumenjake, sladkor in marsalo. Penasto stepamo z električnim mešalnikom. Postavite nad posodo z vrelo vodo. Stepajte, dokler zmes ni blede barve in obdrži gladko obliko, ko metlice dvignete, približno 5 minut.

3.Zabaglione razporedite po pomarančah. Ponev postavite pod brojlerje za 1 do 2 minuti ali dokler zabaglione ne postane zlato rjave barve na pikah. Postrezite takoj.

Bele breskve pri Asti Spumante

Pesche Bianche v Asti Spumante

Za 4 porcije

Asti Spumante je sladko in peneče desertno vino iz Piemonta v severozahodni Italiji. Ima nežen okus in vonj po pomarančnem cvetu, ki prihaja iz muškatnega grozdja. Če ne najdete belih breskev, rumenih breskev ali nadomestka za drugo poletno sadje, kot so nektarine, slive ali marelice, bodo prav prišle.

4 velike zrele bele breskve

1 žlica sladkorja

8 unč hladnega Asti Spumante

1. Breskve olupimo in izkoščičimo. Narežemo jih na tanke rezine.

Dva. Breskve zmešajte s sladkorjem in pustite stati 10 minut.

3. Breskve naložimo v kozarce ali kozarce za parfe. Prelijte Asti Spumante in takoj postrezite.

Breskve v rdečem vinu

Pesche rdeče vino

Za 4 porcije

Spomnim se, kako sem gledal svojega dedka, kako je rezal domače bele breskve, da jih je namakal v vrč rdečega vina. Sladki breskovi sokovi so ukrotili morebitno grenkobo v vinu. Bele breskve so moje najljubše, dobre pa so tudi rumene breskve ali nektarine.

1/3 skodelice sladkorja ali po okusu

2 skodelici sadnega rdečega vina

4 zrele breskve

1.V srednje veliki skledi zmešajte sladkor in vino.

Dva. Breskvi prerežemo na pol in odstranimo peščico. Breskve narežemo na majhne koščke. Zmešajte jih z vinom. Pokrijte in ohladite 2 do 3 ure.

3.Breskve in vino nalijemo v kozarce in postrežemo.

Breskve polnjene z Amaretti

Pesche al Forno

Za 4 porcije

To je najljubša piemontska sladica. Postrežemo ga na vrhu s stepeno smetano ali kepico sladoleda.

8 srednje velikih breskev, ne preveč zrelih

8 amaretti piškotov

2 žlici zmehčanega nesoljenega masla

2 žlici sladkorja

1 veliko jajce

1. Rešetko postavite na sredino pečice. Pečico segrejte na 375° F. Namastite pekač, ki je dovolj velik, da se v njem položijo polovice breskev v eni plasti.

Dva. Krekerje amaretti položite v plastično vrečko in jih nežno zmečkajte s težkim predmetom, kot je valjar. Moral bi piti približno 1/2 skodelice. V srednje veliki skledi stepemo maslo in sladkor ter dodamo drobtine.

3. Po črti okrog breskev prerežemo na pol in odstranimo peščico. Z žlico za grenivke ali melono iz sredine izdolbite meso breskve, da razširite odprtino, in dodajte mešanici drobtin. Mešanici dodajte jajce.

štiri. Polovičke breskev položite s prerezano stranjo navzgor na krožnik. Vsako polovico breskve prelijemo z malo mešanice krušnih drobtin.

5. Pečemo 1 uro ali dokler se breskve ne zmehčajo. Postrezite vroče ali pri sobni temperaturi.

Hruške v pomarančni omaki

Oranžne hruške

Za 4 porcije

Ko sem obiskal Anno Tasco Lanza v Regalealiju, vinskem posestvu njene družine na Siciliji, mi je dala nekaj svoje okusne marmelade iz mandarin za domov. Anna marmelado uporablja tako kot namaz kot kot omako za sladice in to me je navdihnilo, da sem malo vmešala v tekočino za poširanje nekaterih hrušk, ki sem jih kuhala. Hruške so imele čudovito zlato glazuro in vsem je bil všeč rezultat. Sedaj pogosto pripravljam to sladico. Ker sem hitro porabila količino marmelade, ki mi jo je dala Anna, uporabljam kakovostno pomarančno marmelado, kupljeno v trgovini.

1 1/2 skodelice sladkorja

1 skodelica suhega belega vina

4 čvrste zrele hruške, kot so Anjou, Bartlett ali Bosc

1/3 skodelice pomarančne marmelade

2 žlici pomarančnega likerja ali ruma

1.V loncu, velikem za hruške, pokonci vmešajte sladkor in vino. Na srednjem ognju zavremo in kuhamo toliko časa, da se sladkor raztopi.

Dva. Dodajte hruške. Ponev pokrijemo in kuhamo približno 30 minut oziroma dokler se hruške ne zmehčajo, ko jih prebodemo z nožem.

3.Hruške z žlico preložimo na servirni krožnik. Tekočini v loncu dodamo marmelado. Zavremo in pustimo vreti 1 minuto. Odstranite z ognja in dodajte tekočino. Hruške in okoli njih prelijemo z omako. Pokrijte in ohladite vsaj 1 uro pred serviranjem.

Hruške z marsalo in kislo smetano

Marsala hruške

Za 4 porcije

Takole pripravljene hruške sem imel v tratoriji v Bologni. Če jih pripravite tik pred večerjo, bodo na pravi temperaturi, da jih lahko postrežete, ko boste pripravljeni na sladico.

Lahko najdete suho in sladko marsalo, uvoženo s Sicilije, čeprav je suha boljša kakovost. Oboje lahko uporabimo za pripravo sladic.

4 velike hruške Anjou, Bartlett ali Bosc, ne preveč zrele

1 1/4 skodelice sladkorja

1 1/2 skodelice vode

1 1/2 skodelice suhe ali sladke marsale

1 1/4 skodelice težke smetane

1. Hruške olupimo in po dolžini razpolovimo.

Dva. V ponvi, ki je dovolj velika, da vanjo položite polovice hrušk v eni plasti, na srednjem ognju zavrite sladkor in vodo.

Mešajte, da se sladkor raztopi. Dodamo hruške in ponev pokrijemo. Kuhajte 5 do 10 minut oziroma dokler se hruške skoraj ne zmehčajo, ko jih prebodete z vilicami.

3.Hruške z žlico preložimo na krožnik. V ponev dodajte marsalo in zavrite. Kuhajte, dokler se sirup nekoliko ne zgosti, približno 5 minut. Dodamo smetano in kuhamo še 2 minuti.

štiri.V ponev položite hruške in jih pokapajte z omako. Hruške preložimo na servirne krožnike in jih prelijemo z omako. Pred serviranjem naj se ohladi na sobno temperaturo.

Hruške s toplim čokoladnim prelivom

Hruška Affogato al Cioccolato

Za 6 obrokov

Sveže hruške, potopljene v omako iz temne čokolade, so klasična evropska sladica. Jedla sem jo v Bologni, kjer so čokoladno omako naredili iz čokolade Majani, lokalne znamke, ki na žalost ne potuje daleč iz domačega mesta. Uporabite visoko kakovostno temno čokolado. Znamka, ki mi je všeč, Scharffen Berger, je narejena v Kaliforniji.

6 hrušk Anjou, Bartlett ali Bosc, ne preveč zrelih

2 skodelici vode

3 1/4 skodelice sladkorja

4 (2 × 1/2 palca) trakovi pomarančne lupine, narezani na palčke

    1 1/2 skodelice vroča fudge omaka

1. Hruške olupimo, peclje pustimo nedotaknjene. Z lopatico za melono ali majhno žlico izdolbite sredico in semena, pri čemer delajte od dna hruške.

Dva. V ponvi, ki je dovolj velika, da sprejme vse hruške, na srednjem ognju zavrite vodo, sladkor in pomarančno lupinico. Mešajte, dokler se sladkor ne raztopi.

3. Dodamo hruške in zmanjšamo ogenj. Ponev pokrijte in kuhajte, pri čemer hruške enkrat obrnite, 20 minut ali dokler niso mehke, ko jih prebodete z majhnim nožem. Hruške ohladimo v sirupu.

štiri. Ko ste pripravljeni za serviranje, pripravite čokoladni preliv.

5. Hruške naložimo na servirne krožnike. (Sirup pokrijte in ohladite za drugo uporabo, kot je mešanje z narezanim sadjem za solato.) Prelijte s toplo čokoladno omako. Postrezite takoj.

Hruške začinjene z rumom

Rumove hruške

Za 6 obrokov

Sladek, lahek, skoraj cvetlični okus zrelih hrušk se dobro ujema s številnimi drugimi dopolnilnimi okusi. Zraven se odlično podajo sadje, kot so pomaranče, limone in jagodičevje ter številni siri, za poširanje hrušk pa se pogosto uporablja marsala in suha vina. V Piemontu sem bila prijetno presenečena, ko so mi te počasi kuhane hruške v začinjenem rumovem sirupu postregli s preprosto lešnikovo torto.

6 hrušk Anjou, Bartlett ali Bosc, ne preveč zrelih

1 1/4 skodelice rjavega sladkorja

1/4 skodelice temnega ruma

1 1/4 skodelice vode

4 cele nageljne

1. Hruške olupimo, peclje pustimo nedotaknjene. Z lopatico za melono ali majhno žlico izdolbite sredico in semena, pri čemer delajte od dna hruške.

Dva. V ponvi, ki je dovolj velika za hruške, mešajte sladkor, rum in vodo na srednjem ognju, dokler se sladkor ne raztopi, približno 5 minut. Dodajte hruške. Nageljnove žbice razporedite po sadju.

3. Ponev pokrijte in tekočino zavrite. Kuhajte na srednje nizkem ognju 15 do 20 minut oziroma dokler se hruške ne zmehčajo, ko jih prebodete z nožem. Hruške z žlico preložimo na servirni krožnik.

štiri. Odkrito tekočino kuhajte toliko časa, da se zreducira in zgosti. Tekočino precedimo čez hruške. Naj se ohladi.

5. Postrezite pri sobni temperaturi ali pokrijte in ohladite.

Pecorino začinjene hruške

Pere allo Spezie e Pecorino

Za 6 obrokov

Toskanci so ponosni na odličen sir pecorino. Vsako mesto ima svojo različico in vsako ima nekoliko drugačen okus od drugih, odvisno od tega, kako se stara in od kod prihaja mleko. Sire običajno uživamo, ko so še čisto mladi in še poltrdi. Ko ga uživamo kot sladico, ga včasih prelijemo z malo medu ali postrežemo s hruškami. Všeč mi je ta prefinjena predstavitev, ki sem jo imel v Montalcinu: pecorino, postrežen s hruškami, poširanimi v lokalnem rdečem vinu in začimbami, skupaj s svežimi orehi.

Seveda lahko hruške postrežemo same ali s kančkom stepene smetane.

6 srednje velikih hrušk Anjou, Bartlett ali Bosc, ne preveč zrelih

1 skodelica suhega rdečega vina

1 1/2 skodelice sladkorja

1 cimetova palčka (3 palcev)

4 cele nageljne

8 unč sira Pecorino Toscano, Asiago ali Parmigiano-Reggiano, narezanega na 6 kosov

12 polovic orehov, popečenih

1. Rešetko postavite na sredino pečice. Pečico segrejte na 450° F. Hruške položite v dovolj velik pekač, da jih lahko držite pokonci.

Dva. Vino in sladkor mešamo toliko časa, da se sladkor zmehča. Z mešanico prelijemo hruške. Okrog hrušk razporedite cimet in nageljnove žbice.

3. Hruške pečemo, občasno polivamo z vinom, 45 do 60 minut oziroma dokler hruške niso mehke, ko jih prebodemo z nožem. Če se tekočina začne sušiti, preden so hruške pripravljene, dodajte malo tople vode v skledo.

štiri. Hruške pustimo, da se ohladijo na krožniku in jih občasno polijemo s sokom iz pekača. (Ko se sok ohladi, se zgosti in hruške prekrije z bogato rdečo glazuro.) Odstranite začimbe.

5. Hruške s sirupom postrežemo sobne temperature ali rahlo ohlajene. Na servirne krožnike razporedimo po dve orehovi polovici in rezino sira.

Poširane hruške z gorgonzolo

hruške gorgonzola

Za 4 porcije

Močan okus sira gorgonzola, pomešan z gladko smetano, je okusen dodatek tem poširanim hruškam v sirupu iz belega limoninega vina. Malo pistacije doda pridih svetle barve. Hruške Anjou, Bartlett in Bosc so moje najljubše sorte za poširanje, saj njihova tanka oblika omogoča enakomerno kuhanje. Poširane hruške najbolje ohranijo obliko, ko sadje ni preveč zrelo.

2 skodelici suhega belega vina

2 žlici svežega limoninega soka

3 1/4 skodelice sladkorja

2 (2 palca) trakova limonine lupinice

4 hruške, kot so Anjou, Bartlett ali Bosc

4 unče gorgonzole

2 žlici rikote, mascarponeja ali kisle smetane

2 žlici sesekljanih pistacij

1.V srednje veliki ponvi zmešajte vino, limonin sok, sladkor in limonino lupinico. Zavremo in pustimo vreti 10 minut.

Dva. Medtem olupimo hruške in jih po dolžini razpolovimo. Odstranite jedra.

3.Hruške položite v vinski sirup in kuhajte, dokler se ne zmehčajo, ko jih prebodete z nožem, približno 10 minut. Naj se ohladi.

štiri.Z žlico z režami prenesite dve polovici hrušk na vsak servirni krožnik s sredino navzgor. Okoli hrušk pokapajte sirup.

5.V manjši skledi pretlačite gorgonzolo z rikoto do gladkega. Z žlico dajte nekaj sirne mešanice v zarezan prostor vsake polovice hruške. Potresemo s pistacijami. Postrezite takoj.

Torta s hruškovim ali jabolčnim pudingom

Budino di Pere ali Mele

Za 6 obrokov

Ni torta ali puding, ta sladica je sestavljena iz sadja, kuhanega do mehkega in nato pečenega s prelivom, ki je nekoliko podoben torti. Dobro je z jabolki ali hruškami ali celo z breskvami ali slivami.

Za aromatiziranje te sladice rada uporabljam temni rum, lahko pa ga nadomestimo s svetlim rumom, konjakom ali celo žganjem.

3 1/4 skodelice rozin

1 1/2 skodelice temnega ruma, konjaka ali žganja

2 žlici nesoljenega masla

8 zrelih hrušk ali čvrstih jabolk, olupljenih in narezanih na 1/2-palčne rezine

1/3 skodelice sladkorja

Dodatek

6 žlic nesoljenega masla, stopljenega in ohlajenega

1/3 skodelice sladkorja

1 1/2 skodelice večnamenske moke

3 velika jajca, ločena

Dva 1/3 skodelice polnomastnega mleka

2 žlici temnega ruma, konjaka ali žganja

1 čajna žlička čistega vanilijevega ekstrakta

Malo soli

sladkor v prahu

1. V manjši skledi zmešamo rozine in rum. Pustite stati 30 minut.

Dva. V veliki ponvi na zmernem ognju stopite maslo. Dodamo sadje in sladkor. Kuhajte, občasno premešajte, dokler se sadje skoraj ne zmehča, približno 7 minut. Dodamo rozine in rum. Kuhamo še 2 minuti. Odstranite z ognja.

3. Rešetko postavite na sredino pečice. Pečico segrejte na 350 ° F. Namastite 13 × 9 × 2-palčni pekač. Sadno zmes vlijemo v pekač.

štiri. Pripravite preliv: V veliki skledi z električnim mešalnikom stepajte maslo in sladkor, dokler se ne združita, približno 3 minute. Dodajte moko, samo da se združi.

5. V srednje veliki skledi stepemo rumenjake, mleko, rum in vanilijo. Mešajte jajčno mešanico v mešanico moke, dokler se ne združi.

6. V drugi večji skledi s čistim mešalnikom na nizki hitrosti penasto stepemo beljake s soljo. Povečajte hitrost in stepajte, dokler ne nastanejo mehki vrhovi, približno 4 minute. Beljakov sneg nežno vmešamo k preostalemu testu. Maso prelijemo čez sadje v pekaču in pečemo 25 minut oziroma toliko časa, da je vrh zlato rjav in čvrst na otip.

7. Postrežemo toplo ali sobno temperaturo, posuto s sladkorjem v prahu.

Topel sadni kompot

Topel sadni kompost

Za 6 do 8 obrokov

Rum se v Italiji pogosto uporablja za aromatiziranje sladic. Temni rum ima globlji okus kot svetli rum. Če želite, zamenjajte rum z drugim likerjem ali sladkim vinom, kot je Marsala v tem receptu. Ali pa pripravite brezalkoholno različico s pomarančnim ali jabolčnim sokom.

2 zreli hruški, olupljeni in brez koščic

1 jabolko Golden Delicious ali Granny Smith, olupljeno in brez peščic

1 skodelica izkoščičenih sliv

1 skodelica suhih fig brez pecljev

1 1/2 skodelice posušenih marelic brez koščic

1 1/2 skodelice črnih rozin

1 1/4 skodelice sladkorja

2 (2 palca) trakova limonine lupinice

1 skodelica vode

1 1/2 skodelice temnega ruma

1. Hruške in jabolka narežemo na 8 kosov. Rezine narežemo na majhne koščke.

Dva. Vse sestavine zmešajte v velikem loncu. Pokrijte in zavrite na srednje nizkem ognju. Kuhajte, dokler se sveže sadje ne zmehča, suho sadje pa je debelo, približno 20 minut. Dodajte še malo vode, če se zdijo suhi.

3. Pred serviranjem rahlo ohladite ali pokrijte in hranite v hladilniku do 3 dni.

Karamelizirano beneško sadje

Golosezzi Veneziani

Za 8 porcij

Karamelna obloga teh beneških sadnih nabodal se strdi in spominja na karamelno jabolko. Posušite sadje in pripravite ta sadna nabodala na suh dan. Če je vreme vlažno, se karamela ne bo dobro strdila.

1 mandarina ali klementina, olupljena, narezana

8 majhnih jagod, olupljenih

8 grozdja brez pečk

8 izkoščičenih datljev

1 skodelica sladkorja

1 1/2 skodelice lahkega koruznega sirupa

1 1/4 skodelice vode

1. Koščke sadja izmenično nataknite na vsako od osmih 6-palčnih lesenih nabodal. Na pladenj postavite rešetko za hlajenje.

Dva. V ponvi, ki je dovolj velika, da se vanjo po dolžini prilegajo nabodala, zmešajte sladkor, koruzni sirup in vodo. Na zmernem ognju med občasnim mešanjem kuhamo, dokler se sladkor popolnoma ne raztopi, približno 3 minute. Ko mešanica začne vreti, nehamo mešati in kuhamo toliko časa, da sirup na robovih začne rjaveti. Nato ponev rahlo stresamo nad ognjem, dokler sirup ne dobi enotne zlato rjave barve, še 2 minuti.

3. Ponev odstavimo z ognja. Vsako nabodalo s kleščami hitro pomočite v sirup in ga obrnite, da sadje rahlo, a popolnoma prekrijete. Pustite, da se odvečni sirup vrne v posodo. Nabodala položite na rešetko, da se ohladijo. (Če se sirup v ponvi strdi, preden so vsa nabodala potopljena, ga rahlo segrejte.) Postrezite pri sobni temperaturi v 2 urah.

Sadje z medom in žganjem

Sadni kompot alla grappa

Za 6 obrokov

Grappa je vrsta žganja, narejenega iz vinaccie, lupine in semen, ki ostanejo po stiskanju grozdja za izdelavo vina. Nekoč je bila grappa surova pijača, ki so jo večinoma pili delavci v severni Italiji za ogrevanje v mrzlih zimskih dneh. Danes je grappa visoko prefinjena pijača, ki se prodaja v dizajnerskih steklenicah z okrašenimi pokrovčki. Nekatere žganje so aromatizirane s sadjem ali zelišči, druge pa se starajo v lesenih sodih. Za to sadno solato in za druge kuharske namene uporabite navadno žganje brez okusa.

1/3 skodelice medu

1/3 skodelice žganja, vinjaka ali sadnega likerja

1 žlica svežega limoninega soka

2 kivija, olupljena in narezana

2 pomaranči, olupljeni in narezani

1 liter narezanih jagod

1 skodelica prepolovljenega zelenega grozdja brez pečk

2 srednji banani, narezani

1. V veliki servirni skledi zmešajte med, žganje in limonin sok.

Dva. Dodajte kivi, pomaranče, jagode in grozdje. Hladite vsaj 1 uro ali največ 4 ure. Trpotec dodamo tik pred serviranjem.

zimska sadna solata

Makedonska zima

Za 6 obrokov

V Italiji sadno solato imenujejo Makedonija, ker je bila ta država razdeljena na veliko majhnih delov, ki so bili združeni v celoto, tako kot je solata sestavljena iz majhnih koščkov različnega sadja. Pozimi, ko je izbira sadja omejena, Italijani pripravljajo takšne solate, pokapane z medom in limoninim sokom. Druga možnost je, da med nadomestite z marelično marmelado ali pomarančno marmelado.

3 žlice medu

3 žlice pomarančnega soka

1 žlica svežega limoninega soka

2 grenivki, olupljeni in narezani

2 kivija, olupljena in narezana

2 zreli hruški

2 skodelici zelenega grozdja brez pečk, prerezanega po dolžini na pol

1. V veliki skledi zmešajte med, pomarančni sok in limonin sok.

Dva. Dodajte sadje v skledo in dobro premešajte. Ohladite vsaj 1 uro ali do 4 ure pred serviranjem.

poletno sadje na žaru

Spiedini alla Frutta

Za 6 obrokov

Pečeno poletno sadje je idealno za peko na žaru. Postrezite jih same ali z rezinami torte in sladoledom.

Če uporabljate lesena nabodala, jih za vsaj 30 minut namočite v hladno vodo, da se ne zažgejo.

2 nektarine, narezane na 1-palčne kose

2 slivi, narezani na 1-palčne kose

2 hruški, narezani na 1-palčne kose

2 marelici, narezani na četrtine

2 banani, narezani na 1-palčne kose

listi sveže mete

Približno 2 žlici sladkorja

1. Žar ali žar postavite približno 5 centimetrov od vira toplote. Segrejte žar ali brojler.

Dva. Izmenično nataknite koščke sadja z metinimi listi na 6 nabodal. Potresemo s sladkorjem.

3. Sadje pecite na žaru ali pecite 3 minute na vsako stran. Nabodala obrnite in pecite na žaru, dokler rahlo ne porjavijo, približno 2 minuti. Postrežemo ga vroče.

Topla rikota z medom

Rikota z medom

Za 2 do 3 porcije

Uspeh te sladice je odvisen od kakovosti rikote, zato kupujte svežo, ki je na voljo. Medtem ko je delno posneta rikota v redu, je rikota z nizko vsebnostjo maščob zelo zrnata in pusta, zato je ne uporabljajte. Če želite, dodajte nekaj svežega sadja ali poskusite rozine in malo cimeta.

1 skodelica rikote iz polnomastnega mleka

2 žlici medu

1. Rikoto postavite v majhno skledo nad majhen lonec z vrelo vodo. Segrevajte, dokler se ne segreje, približno 10 minut. Dobro premešamo.

Dva. Rikoto razporedite po servirnih krožnikih. Prelijemo z medom. Postrezite takoj.

kava ricotta

Ricotta all 'Caffe

Za 2 do 3 porcije

Tukaj je hitra sladica, ki je primerna za številne različice. Postrezite z navadnimi piškoti.

Če ne morete kupiti fino mletega espressa, zmleto kavo prepustite skozi mlinček za kavo ali večnamenski aparat. Če so zrna prevelika, se sladica ne bo dobro mešala, zato bo imela zrnato strukturo.

1 skodelica (8 unč) polnomastne ali delno posnete rikote

1 žlica fino mlete kave (espresso)

1 žlica sladkorja

Čokoladni kosmiči

V srednji skledi zmešajte rikoto, espresso in sladkor, dokler ni gladka in se sladkor raztopi. (Za bolj kremasto teksturo zmešajte sestavine v kuhinjskem robotu.) Nalijte v kozarce ali kozarce za parfe in potresite s čokoladnimi koščki. Postrezite takoj.

Različica:Čokoladno kavo ricotta nadomestite z 1 žlico nesladkanega kakava.

mascarpone in breskve

Mascarpone al Pesche

Za 6 obrokov

Gladki in kremasti maskarpone ter breskve s hrustljavimi amaretti izgledajo lepo v parfeju ali vinskih kozarcih. To sladico postrezite za večerjo. Nihče ne bo uganil, kako enostavno je to narediti.

1 skodelica (8 unč) mascarponeja

1 1/4 skodelice sladkorja

1 žlica svežega limoninega soka

1 skodelica zelo hladne smetane

3 breskve ali nektarine, olupljene in narezane na majhne koščke

1/3 skodelice pomarančnega likerja, amaretta ali ruma

8 amaretti krekerjev, zdrobljenih (približno 1/2 skodelice)

2 žlici praženih narezanih mandljev

1.Vsaj 20 minut preden ste pripravljeni na pripravo sladice, postavite veliko skledo in metlice električnega mešalnika v hladilnik.

Dva. Ko je pripravljen, v srednji skledi penasto stepite mascarpone, sladkor in limonin sok. Odstranite skledo in testo iz hladilnika. Smetano vlijemo v ohlajeno skledo in stepamo na visoki hitrosti, dokler rahlo ne obdrži oblike, ko stepalnik dvignemo, približno 4 minute. Z lopatko stepeno smetano nežno vmešamo v mešanico mascarponeja.

3.V srednji skledi zmešajte breskve in liker.

štiri.V šest kozarcev za parfe ali vino vlijemo polovico mascarpone kreme. Razporedite breskve, nato pa jih potresite z amaretti drobtinami. Prelijemo s preostalo smetano. Pokrijte in ohladite do 2 uri.

5.Pred serviranjem potresemo mandlje.

Čokoladni mousse z malinami

Spuma di Cioccolato al Lampone

Za 8 porcij

Stepena smetana, ovita v maskarpone in čokolado, je kot instant čokoladni mousse. Malina je sladek in oster preliv.

1 pol litra malin

1 do 2 žlici sladkorja

2 žlici malinovega, češnjevega ali pomarančnega likerja

3 unče temne ali polsladke čokolade

1 1/2 skodelice (4 unče) mascarponeja, pri sobni temperaturi

2 skodelici hladne stepene smetane ali stepene smetane

čokoladni čips, za dekoracijo

1. Vsaj 20 minut preden ste pripravljeni na pripravo sladice, postavite veliko skledo in metlice električnega mešalnika v hladilnik.

Dva. Ko ste pripravljeni, v srednji skledi zmešajte maline s sladkorjem in likerjem. Dati na stran.

3. Napolnite majhen lonec s centimetrom vode. Na majhnem ognju pustimo vreti. Čokolado damo v skledo, ki je večja od roba lonca, in skledo postavimo nad vrelo vodo. Pustimo stati, dokler se čokolada ne stopi. Odstavimo z ognja in mešamo čokolado, dokler ni homogena. Pustimo, da se malo ohladi, približno 15 minut. Z gumijasto lopatko vmešamo mascarpone.

štiri. Hladno posodo in mešalnike vzamemo iz hladilnika. Smetano vlijemo v skledo in stepamo na visoki hitrosti, dokler ne obdrži svoje oblike, ko metlice dvignemo, približno 4 minute.

5. Polovico smetane z lopatko nežno vmešamo v čokoladno zmes, drugo polovico pa pustimo za preliv.

6. V osem kozarcev za parfe vlijemo polovico čokoladne kreme. Zložite maline. Prelijemo s preostalo čokoladno kremo. Po vrhu pokrijemo s stepeno smetano. Okrasite s koščki čokolade. Postrezite takoj.

Tiramisu

Tiramisu

Za 8 do 10 obrokov

Nihče ni povsem prepričan, zakaj se ta sladica v italijanščini imenuje "pick me up", ime pa naj bi izhajalo iz kofeina, ki ga zagotavljata kava in čokolada. Medtem ko ima klasična različica surove rumenjake, zmešane z mascarponejem, je moja različica brezjajčna, ker ne maram okusa surovih jajc in sladica postane težja, kot bi morala biti.

Savoiardi (kruh kruh, uvožen iz Italije) je široko dostopen, vendar ga lahko nadomestite z rezinami navadnega biskvita ali biskvita. Kavi po želji dodamo nekaj žlic ruma ali konjaka.

1 skodelica hladne stepene smetane ali stepene smetane

1 kilogram mascarponeja

1/3 skodelice sladkorja

24 savoiardi (uvoženi italijanski piškoti)

1 skodelica espressa, kuhanega na sobni temperaturi

2 žlici nesladkanega kakava v prahu

1.Vsaj 20 minut preden ste pripravljeni na pripravo sladice, postavite veliko skledo in metlice električnega mešalnika v hladilnik.

Dva. Ko ste pripravljeni, odstranite skledo in mešalnike iz hladilnika. Smetano vlijemo v skledo in stepamo na visoki hitrosti, dokler ne obdrži svoje oblike, ko metlice dvignemo, približno 4 minute.

3.V veliki skledi zmešajte mascarpone in sladkor do gladkega. Vzemite približno tretjino stepene smetane in jo z gibljivo lopatko nežno vmešajte v mešanico mascarponeja, da jo razredčite. Previdno vmešamo še preostalo smetano.

štiri. Polovico savoiardija nežno in hitro pomočite v kavo. (Ne stiskajte jih, sicer bodo razpadli.) Piškote razporedite v eno plast na 9×2-palčni kvadratni ali okrogel servirni krožnik. Vlijemo polovico maskarponejeve kreme.

5.Preostali savoiard namočimo v kavo in razporedimo po mascarponeju. Prelijemo s preostalo mešanico mascarponeja in nežno razmažemo z lopatko. Kakav damo v fino mrežasto cedilo in potresemo po sladici. Pokrijte s folijo ali plastično folijo in postavite v hladilnik za 3-4 ure ali čez noč, da se okusi prepojijo. V hladilniku se bo dobro obdržal do 24 ur.

jagodni tiramisu

Tiramisù alle Jagode

Za 8 porcij

Tukaj je različica jagodnega tiramisuja, ki sem jo našel v italijanski kuharski reviji. Še raje kot kavna različica, najraje pa imam sadne sladice vseh vrst.

Maraschino je bister, rahlo grenak italijanski češnjev liker, poimenovan po sorti češnje Marascha. Maraschino je na voljo tukaj, po želji pa ga lahko nadomestite z drugim sadnim likerjem.

3 litre opranih in olupljenih jagod

1 1/2 skodelice pomarančnega soka

1/4 skodelice maraskina, crème di cassis ali pomarančnega likerja

1 1/4 skodelice sladkorja

1 skodelica hladne stepene smetane ali stepene smetane

8 unč mascarponeja

24 savoiardi (italijanski ženski prsti)

1. 2 skodelici najlepših jagod pustimo za okras. Ostalo odrežite. V veliki skledi zmešajte jagode s pomarančnim sokom, likerjem in sladkorjem. Pustite stati na sobni temperaturi 1 uro.

Dva. Medtem postavite večjo skledo in metlice električnega mešalnika v hladilnik. Ko ste pripravljeni, odstranite skledo in mešalnike iz hladilnika. Smetano vlijemo v skledo in stepamo na visoki hitrosti, dokler ne obdrži svoje oblike, ko metlice dvignemo, približno 4 minute. Z gibljivo lopatko nežno vmešajte mascarpone.

3. Piškote razporedite po 9 x 2-palčnem kvadratnem ali okroglem servirnem krožniku. Prilijemo polovico jagod in njihov sok. Čez jagodičevje premažemo polovico maskarponejeve kreme.

štiri. Ponovite z drugo plastjo kolačkov, jagodami in kremo, kremo nežno razmažite z lopatko. Pokrijte in postavite v hladilnik za 3 do 4 ure ali čez noč, da se okusi prepojijo.

5. Tik preden postrežemo, narežemo preostale jagode in jih razporedimo v vrste.

Italijanska malenkost

angleško Zuppa

Za 10 do 12 obrokov

"Angleška juha" je čudno ime za to okusno sladico. Menijo, da so si italijanski kuharji izposodili idejo iz angleške malenkosti in dodali italijanske note.

1Vin Santo kličeali 1 (12 unč) kreker, kupljen v trgovini, narezan na 1/4 palca debele rezine

1/2 skodelice višnjevega ali malinovega džema

11/2 skodelice temnega ruma ali pomarančnega likerja

21/2 skodelice vsakegaČokoladna in vanilijeva krema

1 skodelica stepene smetane

sveže maline, za okras

čokoladni čips, za dekoracijo

1. Po potrebi pripravimo kreme za piškote in torte. Nato v manjši posodici zmešamo marmelado in rum.

Dva. Polovico vanilijeve kreme nalijte na dno 3-litrske servirne sklede. Na vrh položimo 1/4 rezine torte in namažemo s 1/4 mešanice marmelade. Na vrh položimo polovico čokoladne kreme.

3. Naredite še 1/4 plasti zmesi za torto in marmelado. Ponovite s preostalo vanijevo kremo, 1/4 preostale zmesi za torte in marmelado, s kremo za torte in preostalo mešanico za torte in marmelado. Tesno pokrijte s plastično folijo in postavite v hladilnik za vsaj 3 ure do 24 ur.

štiri. Vsaj 20 minut pred serviranjem postavite veliko skledo in metlice električnega mešalnika v hladilnik. Tik pred serviranjem vzemite skledo in mešalnike iz hladilnika. Smetano vlijemo v skledo in stepamo pri visoki hitrosti, dokler rahlo ne obdrži oblike, ko stepalnik dvignemo, približno 4 minute.

5. Trifle prelijemo s smetano. Okrasite z malinami in koščki čokolade.

sabayon

Za 2 porciji

V Italiji je zabaglione (izgovorjeno tsah-bahl-yo-neh; g je tiho) sladka in kremasta sladica na osnovi jajc, ki se pogosto uporablja kot tonik za krepitev moči pri prehladu ali drugih boleznih. Z boleznijo ali brez nje je sladica okusna tudi sama ali kot omaka za sadje ali pecivo.

Zabaglione je treba pogoltniti takoj, ko je pripravljen, sicer lahko propade. Če želite zabaglione pripraviti vnaprej, glejte recept zahladen zabaglione.

3 veliki rumenjaki

3 žlice sladkorja

3 žlice marsale ali suhega ali sladkega vina

1. V spodnji polovici dvojnega kotla ali srednje velikega lonca zavrite približno 2 cm vode.

Dva. V zgornji polovici soparnika ali toplotno odporne sklede, ki se tesno prilega ponvi, stepajte rumenjake in sladkor z električnim ročnim mešalnikom na srednji hitrosti, dokler ne postane gladko, približno 2 minuti. Dodajte marsalo. Zmes prelijemo z vrelo vodo. (Ne pustite, da voda zavre, sicer se bodo jajca zmešala.)

3.Med segrevanjem nad vrelo vodo še naprej stepajte jajčno zmes, dokler ni bledo rumena in zelo puhasta ter ohrani gladko obliko, ko jo sprostite iz metlice, 3 do 5 minut.

štiri. Nalijemo v visoke kozarce in takoj postrežemo.

Čokoladni Zabaglione

Čokoladni Zabaglione

Za 4 porcije

Ta različica zabaglione je kot bogata čokoladna pena. Postrežemo jo toplo s hladno stepeno smetano.

3 unče temne ali polsladke čokolade, sesekljane

1 1/4 skodelice težke smetane

4 veliki rumenjaki

1 1/4 skodelice sladkorja

2 žlici ruma ali likerja amaretto

1. V spodnji polovici dvojnega kotla ali srednje velikega lonca zavrite približno 2 cm vode. Zmešajte čokolado in smetano v majhni toplotno odporni skledi, ki jo postavite nad vrelo vodo. Pustimo stati, dokler se čokolada ne stopi. Mešajte z gibljivo lopatico, dokler zmes ni homogena. Odstranite z ognja.

Dva. Na vrhu soparnika ali druge toplotno odporne posode, ki se lahko prilega ponvi, stepajte rumenjake in sladkor z električnim ročnim mešalnikom, dokler ne postane gladko, približno 2 minuti. Dodamo rum. Zmes prelijemo z vrelo vodo. (Ne pustite, da voda zavre, sicer se bodo jajca zmešala.)

3. Rumenjakovo mešanico stepajte, dokler ne postane bleda in puhasta ter ohrani gladko obliko, ko pride iz mešalnika, 3 do 5 minut. Odstranite z ognja.

štiri. Z gumijasto lopatko nežno vmešajte čokoladno mešanico. Postrezite takoj.

www.ingramcontent.com/pod-product-compliance
Lightning Source LLC
Chambersburg PA
CBHW071909110526
44591CB00011B/1609